ROBÒTERS

M

Títol original: *Roboters. Cortocircuito en el cole*
Primera edició: abril del 2018

Publicat per Montena, un segell de Penguin Random House Grupo Editorial, S. A. U.

Printed in Spain – Imprès a Espanya

ISBN: 978-84-9043-925-8
Dipòsit legal: B-382-2018

Compost a M. I. Maquetación, S. L.

Imprès a Limpergraf
Barberà del Vallès (Barcelona)

GT 3 9 2 5 8

Penguin
Random House
Grupo Editorial

TOM HELIX

ROBÒTERS

CLASSE DE PENJATS

montena

Per a en Dani,
conseller en assumptes robòtics

NOIS, US HO PASSAREU SÚPER AMB AQUSTA LECTURA!!!

ESCOLTA, TU,
QUE JO FAIG UNA
DIETA MOLT
EQUILIBRADA!

1

LA MOSCA fa un triple salt mortal amb tirabuixó i es posa damunt l'estoig de l'Hugo. El noi la mira embadocat. Com si no n'hagués vist mai cap.

«Segur que ve de flairar una caca del carrer. Quina enveja...» A veure, no ho dic perquè em vingui de gust olorar **CAQUES**. Sinó perquè pot anar on vulgui.

Ofesa, la mosca s'enlaira de nou i es posa a la taula de la Laura.

«Que estrany —pensa l'Hugo—. Per què escriu en un **FULL BLANC**, la Laura, i no té **CAP** llibre a la vista?»

—Hugo, Hugo... —Algú murmura el seu nom, però ell ni se n'assabenta.

Acaba de tenir una idea **BRILLANT**.

El noi treu un grapat de peces de Lego de la butxa-

HUGO

♥ QUÈ LI AGRADA:

FER CONSTRUCCIONS DE LEGO

DIBUIXAR INSECTES (sobretot mosques)

JUGAR A VIDEOJOCS (els de construcció amb blocs són els seus preferits)

LA SOPA DE FIDEUS (Què passa? La pizza no agrada a tothom!)

QUÈ NO LI AGRADA:

L'ESCOLA (obvi)

ELS DEURES (superobvi)

ELS EXÀMENS (megaobvi)

TOT EL QUE TÉ A VEURE AMB L'ESCOLA (supermegaobvi)

ca. A onze anys, l'Hugo és un mestre de les construccions.

Sense perdre de vista la mosca, l'Hugo fabrica una caseta damunt del pupitre. Fins i tot hi afegeix una pista d'aterratge i un menjador amb vistes. Li està quedant una obra digna d'un programa de «grans construccions». Per rematar-la, en un rampell d'inspiració, arrenca un trosset de paté de l'entrepà que li va sobrar la setmana passada i l'enganxa al bloc de Lego del mig. La mosca no s'hi podrà resistir. És la caseta ideal.

—Quin **TUF**!—protesta el Rodrigo, el company que té al costat.

«Apa! Tampoc no n'hi ha per tant —pensa l'Hugo—. Les meves vambes encara fan més pudor.»

Però la mosca, ni cas. Passa de la gran construcció i sobrevola l'entrepà del Rodrigo.

És estrany. No que la mosca no vulgui paté. Cadascú té els gustos que té.

El que és **MOLT ESTRANY** és que el Rodrigo, el gandul d'en Rodrigo, el Rodrigo «m'he deixat els deures a casa», també estigui concentrat sobre un full blanc. I a sobre rosega el bolígraf en comptes de l'entrepà de llonganissa. **AQUÍ EN PASSA ALGUNA**.

Mentrestant, la mosca vola arran de pissarra.

EXAMEN SORPRESA

La bestiola es posa sobre l'esfera d'un rellotge de polsera abandonat a la taula del professor.

Un moment, aquest no és un rellotge qualsevol. És el rellotge del professor Caralluna, per ser més exactes. I això **SÍ** que és estrany perquè en Caralluna **NOMÉS** es treu el rellotge quan vol controlar el temps en moments importants.

—**HUGO, T'ESTIC PARLANT**! —li crida el professor pràcticament a l'orella.

El noi té un ensurt tan gran que s'aixeca i fa caure la cadira. I aquesta és tan sols la primera d'un seguit de reaccions en cadena.

La cadira cau sobre el peu de l'Aina que salta com una molla. La noia xoca contra el pòster del mapa-

mundi que, al seu torn, cau sobre l'esquelet que hi ha a la classe. I les rodetes de la base de l'esquelet el fan rodar directe fins als braços del senyor Caralluna que de sobte es troba abraçat a un sac d'ossos.

—Què és això? —crida el professor quan aconsegueix treure's l'esquelet del damunt. Es dirigeix al pupitre del noi com un tauró a la seva presa.

Normalment, el professor parla a poc a poc i fluixet. La mare de l'Hugo sempre diu que el seu profe és un «bàlsam de tranquil·litat». Però ara té la vena del front inflada com un **PEBROT VERMELL**, com el bitxo que et trobes a la salsa brava i que et fa plorar de gust. El senyor Caralluna està perillosament a prop de l'Hugo i no sembla ni de bon tros un «bàlsam».

—Què passa?! —pregunta l'Hugo espantat.

—Explica-m'ho tu —diu amb els braços a la cintura el professor. La vena del front se li ha inflat tant que gairebé es pot escapar—. Falten cinc minuts per acabar **L'EXAMEN** i no has tret ni el boli!

UN EXAMEN? És clar. Per això tots estan tan concentrats. L'Hugo repassa mentalment les **COSES ESTRANYES QUE ESTAN PASSANT A L'AULA**.

ELS COMPANYS ESCRIUEN EN SILENCI (EXCEPTE EL GUILLE, QUE SEMPRE CREU QUE LLEGEIX EN VEU BAIXA PERÒ SE'L SENT FINS A MOSCOU).

L'AINA FA GESTOS ESTRANYS AMB LES MANS.
EL PROFESSOR CARALLUNA TREU FUM, I AIXÒ QUE NO ESTÀ FUMANT.
EL RODRIGO NO MENJA

MMM. D'ACORD. Potser se li ha escapat algun senyal.

—Examen? —pregunta l'Hugo amb por.

Examen, és clar. AIXÒ ho explicaria tot.

—Examen, sí —confirma el Caralluna mentre la seva cara passa del vermell al morat—. **DE L'EDAT MITJANA**. —I de morat fosc passa gairebé a marró—. Baixes de l'hort! —crida fora de si.

Caram! El Caralluna en realitat és el Carabrava. Ho haurà d'explicar a la mare.

El noi fa que no amb el cap. No ve de l'hort, es a l'aula de 6è D. Està a punt d'explicar-li-ho, però alguna cosa li diu que no és el moment. En el fons, el Carabrava té raó: l'Hugo està distret. **UN ALTRE COP.**

La psicòloga de l'escola en diu «DÈFICIT D'ATENCIÓ», però l'Hugo no hi està d'acord. Ell hi para molta atenció. O algú es pensa que un gratacels de tretze pisos amb escala d'incendis, dues gòndoles i tres fonts centrals, cadascuna amb peces de color diferent, es construeix sense estar atent?

No, amics. El problema és que l'Hugo no para atenció al que VOLEN els professors. Els interessen unes coses molt **AVORRIDES**, la veritat.

I, pel que sembla, l'examen no va ni de Lego ni de mosques. Per cert, on deu haver anat la mosca? La tornarà a veure?

Un soroll cada cop més fort el treu dels seus pensaments.

Els companys comencen a corejar **CASTIGAT! CASTIGAT!** per posar-hi més emoció. Els agrada crear ambient.

L'Hugo s'empassa saliva. Suspendrà l'examen i a sobre els seus pares s'enfadaran amb ell. I per empitjorar les coses: què se n'ha fet de la mosca? L'ha perdut de vista.

—En què consisteix el càstig? —pregunta amb por.

El professor es queda en silenci. Li calen uns segons per calibrar la pena. Finalment parla, i les seves paraules **RESSONEN PER LES PARETS DE L'AULA.**

Els cors s'aturen de sobte. Fins i tot el Joaquín, el trapella de la classe, deixa anar un crit de terror.

La Sala de Càstigs és el lloc més horripilant del món. No cal que en diguin Sala de Càstigs perquè n'hi ha prou amb dir **LA SALA** i ja saps el que t'espera.

Ningú no s'atreveix a parlar del que ha vist allà dins. És massa traumàtic.

L'Hugo entén que li **HA ARRIBAT LA FI.**

2

La Sala de Càstigs és l'infern a la Terra... O a l'escola, concretament. Que és com dir l'infern dins l'infern.

LA SALA és plena de «petits terroristes», com els anomenen els professors. I els pitjors són, sens dubte, els repetidors.

L'Hugo coneix alguns d'aquests alumnes que han repetit curs. Són més grans que ell i els han sortit pèls al bigoti i tenen la veu greu. Però sobretot són **PERILLOSOS**.

La majoria dels repetidors són uns abusadors. Aprofiten que són més grans per empènyer els altres i fer el que volen. I tot i això, fins i tot ells tenen por de la Sala de Càstigs. Aquets són alguns d'ells:

SANTI GRANS-D'ACER:

— Cursos repetits: 1 però n'aparenta 14.

— Característiques: olfacte ultradesenvolupat per detectar entrepans de mortadel·la i robar-los.

— Seqüeles: ha estat un cop a la Sala de Càstigs. Quan algú li treu el tema, el Santi dona cops contra la paret i es posa a plorar en silenci. I això que només s'hi va estar unes hores!

FERNANDA FACHÍN:

— Cursos repetits: 5.

— Característiques: li van convalidar les oposicions de bomber després de passar un curs sencer a la Sala de Càstigs.

— Seqüeles: va suportar tot tipus de proves físiques i de resistència mental. Però encara ara, quan sent el nom de la sala, adopta una posició de combat i crida: «foc, foc, cos a terra».

AL PICCOLINI:

— Cursos repetits: si t'ho digués, LA FAMIGLIA t'hauria de matar.

— Característiques: és fill d'un mafiós famós. Al menjador, té el control absolut del tràfic de lasanya. El dia que hi ha aquest plat, ningú, NINGÚ llevat d'ell en menja.

— Seqüeles: passa tant de temps a la Sala de Càstigs que des d'allà organitza el contraban d'exàmens i obliga els altres castigats que es tatuïn la seva cara al cul. És **ALTAMENT PERILLÓS.**

Si un castigat ja posa els pèls de punta, l'Hugo no vol ni imaginar què pot ser una aula plena de castigats. Probablement **LA SALA** és el que més s'assembla a una Convenció de Brètols.

El camí fins al final del passadís se li fa etern. Els peus li pesen tones i se li recargola la panxa. Els repetidors el rodejaran tan bon punt el vegin, i no té prou entrepà per repartir. Tampoc no té prou peces de Lego per muntar una fortalesa. NO EN TÉ NI PER FER UN IGLÚ!

L'Hugo arriba fins a la porta, s'empassa saliva i dedica uns minuts a rememorar la seva vida. No tornarà a ser mai més el mateix. Adeu, món cruel.

Gira el pom de la porta i es prepara per al pitjor.

3

Però quan mira a dins de **LA SALA DE CÀSTIGS**, només hi veu un home jove amb els cabells ondulats i una noia. La noia és força maca, la veritat.

Ells ni el veuen perquè estan immersos en una batalla campal, corrent al voltant d'una taula amb el que sembla una màquina de fer crispetes.

L'Hugo aguanta la respiració però alesbores el veuen. I el vigilant i l'alumna es queden garratibats. Però no garratibats de fred, més aviat com quan la mare t'enxampa menjant-te l'última de les deu galetes de xocolata que t'has cruspit **ABANS** de l'hora de dinar.

La primera a reaccionar és la noia, que s'abalança sobre la màquina de fer crispetes i la guarda a la seva motxilla. L'home, en canvi, dedica un somriure a l'Hugo. És clar que **FAN VEURE** que no ha passat **RES**. El problema es que fingeixen **BASTANT MALAMENT**.

—Passa, passa —diu l'adult.

Tot i que, de fet, tampoc no és TAN adult. Deu tenir uns vint-i-tants anys i per alguna raó porta una bata blanca per sobre de la camisa. I si s'ha tornat a despistar (UN ALTRE COP) i ha anat a parar a la infermeria en comptes de **LA SALA DE CÀSTIGS**?

És clar, això tindria més sentit. Val més que faci la volta i trobi d'una vegada la Sala de Càstigs, o encara s'emportarà una punxada de regal. I aquest any ja ha enxampat la grip i la varicel·la.

—Benvingut! —diu el jove de la bata—. A qui tinc el plaer de rebre?

—Eeeh... —Mira al voltant, que no sigui que l'hagin confós amb algú altre—. Soc l'Hugo.

L'home pràcticament li fa una reverència i mou la cadira perquè l'Hugo s'hi assegui.

—Soc l'Ulisses, el vigilant de la sala. Estàs còmode? Tens fred, calor...? —pregunta el vigilant—. Et puc portar un suc, si en vols. I un pastisset!

Definitivament, allà hi passava alguna cosa estranya. **ESTRANYÍSSIMA.**

ULISSES CUCHICUCHI

VINT-I-CINC ANYS
LLICENCIAT EN HISTÒRIA

El seu somni és fer classe, però de moment només és vigilant (tot i que obliga als castigats que li diguin «Professor» per anar-s'hi acostumant). Li agrada portar la bata per sobre de la roba perquè es considera un «acadèmic investigador» i els investigadors, almenys a les pel·lis, sempre porten bata.

Llista de Tasques Importantíssimes d'Ulisses Cuchicuchi abans dels trenta:

- FER UN MANNEQUIN CHALLENGE
- ~~MENJAR LA SUPERHAMBURGUESA 5 KG DE L'ALFREDO'S D'UN SOL COP I SOBREVIURE~~
- SER PROFESSOR D'HISTÒRIA
- PASSAR A LA HISTÒRIA

Passar a la Història. Déu n'hi do quina **PRESSIÓ**. Però li ve de família.

Encara que no s'hi assemblin gens, l'Ulisses és fill del Cuchicuchi, el director ferotge, el terror de l'escola. Però ho manté en secret. Per motius obvis.

És l'últim descendent d'una antiga família de genis (exceptuant el seu pare).

MEMBRES DESTACATS:

PLUVI CUCHICUCHIUS
SEGLE II
FAMÓS PER CREAR EL «DIA DE L'ESPECTADOR» A LES LLUITES DE GLADIADORS.

ISABELINA VON CUCHICUCHI
1500-1571
MATEMÀTICA QUE VA DESCOBRIR LA FÓRMULA «QUI EL SEU RETRAT IDOLATRA, AJUNTA UN SIS I UN QUATRE».

AQÜEDUCTÍ EL GALTES
1789-1861
PRECURSOR DELS PONTS FESTIUS.

DOLÇA CUCHICUCHI
1920-PRESENT
TIA BESÀVIA DEL PROFESSOR, CREADORA DEL XICLET FARCIT DE XICLET.

La noia observa l'escena sense perdre'n detall. Ha deixat de xiular i el seu somriure es més fals que un bitllet de set euros.

Aquesta mena de gent sembla de tot menys amenaçadora. De fet, sembla que vulguin que m'hi trobi sospitosament a gust aquí. **I AIXÒ NO ENCAIXA**.

L'Hugo cada cop té més clar que s'ha equivocat de lloc.

Els hauria de dir la veritat: que el que ell busca és una sala de tortures, no de relax. Li hauria molat saber abans que n'hi havia una perquè l'hauria recomanat al senyor Carabrava perquè se li desinflés la vena.

És clar que també es pot endrapar primer el pastisset i després ja negociarà.

Al cap i a la fi, si tot surt malament, li caldran forces de debò a **LA SALA DE CÀSTIGS.**

En fa un balanç mental:

SALA DE RELAX:

PROS DE QUEDAR-S'HI:

1. Perdre de vista el Carabrava una estona.
2. Menjar-se un pastisset (o dos).
3. Passar l'estona amb una noia maca (encara que faci com si no existís).
4. Evitar la Sala de Càstigs i una mort lenta i segura a mans dels repetidors.

CONTRES DE QUEDAR-S'HI:

1. El professor m'enxamparà i em castigarà més.
2. Alimentar-se només de pastissets pot ser dolent per a la panxa. O no... Nova nota mental: alimentar-me només de pastissets fins que comprovi si és pro o contra.
3. Aquesta noia tan maca no em miraria ni que encengués una foguera al mig de la sala.
4. Després hauré d'estar-me més estona a la Sala de Càstigs i amb tanta tensió no em podré menjar un pastisset ni parlar amb la noia.

TOTAL: 4 A FAVOR, 4 EN CONTRA. EMPAT TÈCNIC.
CONCLUSIÓ: LES LLISTES DE PROS I CONTRES NO SERVEIXEN DE RES.

—M'he equivocat d'aula —diu al final. Li fa por que el castiguin encara més si arriba tard. No val la pena jugar-se la cadena perpètua per un pastisset—. Jo buscava la Sala de Càstigs, però és evident que m'he equivocat.

Fa un intent d'aixecar-se però el vigilant l'empeny contra la cadira (amb una mica més de força de la que li agradaria a un inspector d'ensenyament). Tant el vigilant de l'aula com la noia s'esforcen per aparentar normalitat.

—**TRANQUIL**, Hugo! Ets al lloc correcte.

L'Hugo es posa molt nerviós. Aquí en passa alguna i val més descobrir el què o... Ep! Vet aquí la mosca una altra vegada.

S'ha posat sobre el rellotge de paret. És la mateixa mosca que abans? Li està enviant senyals en idioma mosquès?

L'home passa una mà per davant de la cara de l'Hugo, que ni se n'adona. Està embadocat amb la mosca.

—Millor que **NO S'ASSABENTI** del que fem —diu la noia.

—Deus voler dir del que fas **TU**! —protesta el vigilant—. Em ficaràs en un embolic enorme. Ja saps que tens prohibit tocar microxips en horari lectiu!

VIGILANT ULISSES, VAGI AL DESPATX DEL DIRECTOR. VIGILANT ULISSES, VAGI AL DESPATX DEL DIRECTOR.

—PROFESSOR ULISSES —diu el de la bata entre dents i abans d'anar-se'n li dedica un gest a la noia volent dir: «T'estic vigilant».

Al VIGILANT sembla que no li fa gaire gràcia haver-se'n d'anar, però al final surt. Aleshores la noia ràpidament s'acosta a l'Hugo, s'asseu al seu costat i li dedica el somriure més afable que l'Hugo ha vist en molt de temps. Això només pot voler dir una cosa: **PROBLEMES**.

Un moment. Ara recorda aquesta noia. Ja l'havia vist abans. La seva cabellera pèl-roja i aquests ulls blaus intensos emmarcats en unes ulleres de pasta són inconfusibles. Es diu Gala i no només és l'alumna més bonica del curs, segons diuen, també es un as de la **ROBÒTICA**.

L'any passat va guanyar el concurs autonòmic de construcció de drons. **PER A ADULTS**. No van deixar que recollís el premi perquè tothom va creure que havia fet trampa.

L'Hugo es concentra en la pissarra en blanc. És el primer cop que està sol amb una noia i no té gaire clar com actuar en aquestes situacions. Si fos el Rodrigo, hauria pogut compartir amb ella el seu entrepà de llonganissa. Però és l'Hugo, i no sap què fer al costat d'una noia maca, llesta i que, a sobre, és una crac d'una cosa que a ell li sona a xinès mandarí.

—Em deixes el teu rellotge?

—El meu rellotge? —L'Hugo intenta amagar el canell, però ja és massa tard. La Gala s'hi ha fixat. L'allarga a la noia amb desconfiança.

El rellotge és un regal de la seva àvia. Té comandament a distància, es pot submergir a l'aigua i té dues melodies d'alarma. També diu l'hora, si la resta de funcions no hi interfereixen.

Ha donat la llauna pel rellotge durant DUES campanyes de Nadal. No té gaire clar si el vol deixar a ningú. Però abans que pugui dir res, la Gala l'hi agafa amb la mateixa voracitat que si fos un tros de pastís i el subjecta sobre la taula.

Després, treu un martell de la motxilla i li clava una bona patacada.

CRAAAAAAAAAAAAAAAAAACCC!

És evident que la Gala, a més de no tenir respecte per les coses dels altres, no ha vist l'àvia de l'Hugo enfadada.

4

L'Hugo està flipant. Així doncs, això és el que fan les noies quan t'hi quedes sol!

TERRORÍFIC.

—Per què fas aquesta cara? —La Gala aixeca una cella i obre la panxa del rellotge—. Tranqui, només n'he obert la carcassa. Vull remenar-lo una mica.

L'Hugo no sap ben bé a què es refereix amb «remenar», però quan la noia arrenca el circuit amb unes pinces (l'Hugo una mica més i té un infart), decideix que **POTSER ES MILLOR** no saber-ho.

La Gala (ja ho hem dit) no només és la noia més maca del curs. També és la més problemàtica, i deixa en Santi Grans-d'Acer a l'alçada d'un nadó que es xupa el dit.

GALA

CURIOSITATS:

PREN ELS CEREALS SENSE LLET.

EN UN VIATGE A PARÍS, VA CANVIAR LA IL·LUMINACIÓ DE LA TORRE EIFFEL PER UNA PROJECCIÓ GEGANT DE LA SEVA CARA.

S'EXPRESSA MILLOR AMB LLENGUATGE DE PROGRAMACIÓ QUE AMB LLENGUATGE ORAL.

LÍNIA TEMPORAL:

A set anys li van regalar la nina Senyoreta Bones Maneres. Quan una bicicleta la va aixafar, la va obrir per la meitat i en va deixar els circuits a la vista, la Gala va descobrir la meravella de l'electrònica.

A vuit anys va desmuntar la nevera en vuitanta-cinc peces. Els seus pares van guardar els aparells amb pany i clau.

A nou anys, la Gala va modificar els altaveus del passadís per substituir la sirena per un pet d'elefant ben sonor.

A deu anys va hackejar els ordinadors perquè en arrencar diguessin «la Gala és la millor».

Actualitat: compleix una pena de 99 dies a la Sala de Càstigs.

L'Hugo ha sentit un munt d'històries seves: que si la van expulsar de tres escoles abans d'anar a parar a l'actual, que si s'ha implantat rajos làser als ulls per fulminar els tafaners. D'això últim en dubta, però no s'atreveix a posar-la a prova.

La Gala treu de la motxilla la màquina de fer crispetes que li ha arrabassat abans al vigilant. Així doncs, era veritat el que l'Hugo havia vist. Sense donar explicacions, també treu un cable i connecta la màquina al rellotge de l'Hugo. **AIXÒ** es pot fer?

—Avisa'm si torna l'Ulisses —diu la Gala—. Estic a punt de trencar l'espai-temps.

—Segur que el vols trencar? —pregunta l'Hugo, angoixat—. Fa l'efecte de ser una cosa **IMPORTANT.**

La Gala aixeca els ulls dels aparells. L'Hugo s'encongeix i no diu res més, no fos cas que la llegenda urbana dels **ULLS-RAIGS-LÀSER** fos certa.

Té la cara encesa i li suen les mans, però no sap si és:

A) PER POR QUE EL VIGILANT L'ENXAMPI.

B) PER POR QUE LA GALA EN FACI UNA DE BEN GROSSA.

Mentre la Gala tecleja codis indesxifrables a la pantalla de la seva tauleta, l'Hugo es col·loca al costat de la porta per vigilar.

Però més que vigilar, pensa en l'excusa que donarà a l'àvia. Se li acudeixen diverses opcions:

A) «EL GOS DEL VEÍ S'HA MENJAT EL RELLOTGE QUE EM VAS REGALAR».

B) «AL PROFE DE MATES LI HA AGRADAT TANT QUE L'HI HE HAGUT DE REGALAR».

C) «UNS ASSASSINS NINJA M'HAN SEGRESTAT I NOMÉS ACCEDIEN A DEIXAR-ME ANAR SI RENUNCIAVA AL RELLOTGE»...

L'Hugo està capficat valorant quina sona menys malament quan la porta s'obre.

—Molt graciosa, Gala! —diu el Professor amb sorna, deixant un parell de pastes i una tassa de te sobre la taula—. Mira que hackejar la megafonia de l'escola per fer com si em cridessin.

De sobte, enxampa la Gala in fraganti i es posa les mans al cap.

—GALA, ES POT SABER QUÈ C**** ESTÀS FENT?!**

(* SÍ. El Vigilant ha dit AQUELLA paraula, però val més no posar-la en un llibre. Deu estar força empipat.)

Ara sí que l'han feta bona. És la **FI**.

Què passa si et portes malament a **LA SALA DE CÀSTIGS**? Et poden enviar a cap lloc PITJOR? La Sala dels Ultra-Mega-Càstigs-Plus? **LA SALA DE LES SALES?**

Aleshores, l'ordinador es posa a xiular.

PIIIIIP

PIIIIRRRRRRIP

PPIIIIIIP

—Faràs que el director ens enxampi! —crida l'Ulisses—. Que ens vols ficar en un embolic? El nostre tracte és simple: jo et deixo robotitzar i tu treballes en silenci.

—Se'n diu **PROGRAMAR** —li deixa anar la Gala.

—Deixa-ho estar!

—No! —protesta la noia—. **GAIREBÉ** ja estic.

L'Hugo contempla l'escena sense participar-hi.

No sabria de quina banda posar-se.

A més, si el Vigilant està ocupat barallant-se per una vella màquina de fer crispetes retocada, no l'enviarà a cap altra sala de tortures terribles.

És una opció covarda, ho sap, però també és una opció segura. El Professor té més força que la Gala, per això la noia recorre a una arma desesperada: el xantatge emocional.

—M'has de deixar acabar-ho perquè... perquè... és un regal per a tu!

L'estira-i-arronsa s'atura de cop.

—**PER A MI?** —pregunta il·lusionat el Professor.

—Com que ets tan despistat, he pensat que t'aniria bé un robot secretari. Així no et descuidaràs de res.

El Professor mira el robot amb ulls nous.

—De veritat?

—Perquè m'has deixat fer servir la Sala de Càstigs per als meus robots. Ah! I perquè m'has ajudat en el control de Ciències Socials de l'altre dia.

La Gala col·loca la seva tauleta al centre del robot i tecleja un codi:

El Professor queda impressionat.

—He, he, no ballo reggaeton —diu amb la boca petita. Al Professor li ve una suor freda. Agafa la tassa de te que havia portat i en fa un glop—. Però la resta de coses... és **PERFECTE**. No em descuidaré res mai més, arribaré a l'hora a les entrevistes de feina i seré un professor... de veritat.

La Gala programa les primeres ordres. El robot funciona a la perfecció:

En pitjar el botó

Fer reverència

Saludar en vint idiomes

Dir «guapo» a l'Ulisses (fa pujar l'autoestima)

    Si no ho és, recomanar-li que canvii de look

Ballar reggaeton

Per tenir el cor d'una màquina de fer crispetes, té força ritme.

Però l'Hugo ja no se'l mira: la mosca ha tornat a creuar pel seu camp de visió i aquest cop no permetrà que se li escapi.

—Vine aquí, mosqueta —cantusseja mentre s'enfila a un pupitre i treu la casa que li havia construït—. Tinc una cosa per a tuuu.

Però l'Hugo no s'ha fixat que el Professor ha deixat la tassa de te sobre el pupitre.

El te cau sobre el robot, que deixa anar un espetec.

CABUUUUUU UUUUUUUUUUUUUUUM

No està preparat per als banys d'aigua bullent amb herbes.

—**NOOOOOOOOOOOOOOOOOOO!** —exclama la Gala—. El xip no es pot mullar!

TARD. Massa tard.

Una esfera de llum groc ambre cobreix el robot i els tres humans. Se sent un brunzit agut.

Un segon després a la Sala de Càstigs no queda rastre de cap d'ells.

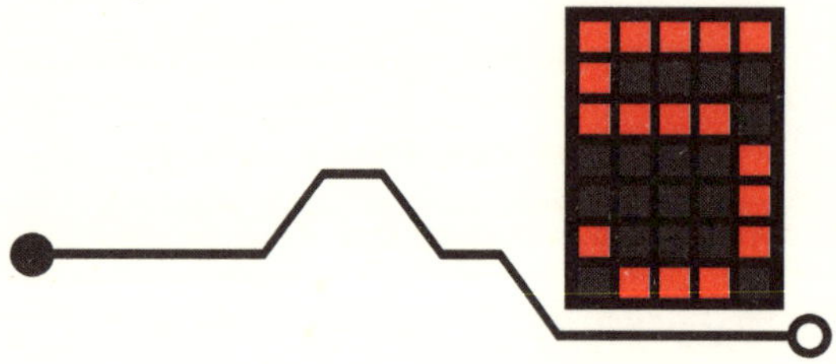

- Imagina que puges a una muntanya russa de **CENT** bucles.
- Mentre et cruspeixes **UN QUILO** de caramels dels que exploten a la boca.
- A la vegada que **UN MUNT** de llums de colors pampalluguegen al teu voltant.
- I una força invisible et fa **PESSICS DE MONJA** per tot el cos.

Això és **JUSTAMENT** el que experimenten l'Hugo, la Gala i el Professor quan el robot els volatilitza en l'esfera elèctrica.

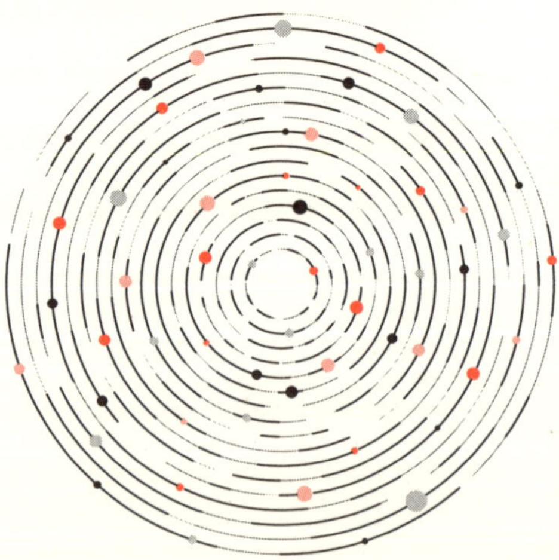

Tots tres senten que una força invisible els centrifuga com si fossin mitjons en una rentadora i, després del que sembla un miler d'anys, els llança al terra.

PATAPAAAAAAAAAAAAAAAAAAAAM.

En aixecar-se, la Gala deixa anar un xiulet.

Al seu voltant hi ha un munt d'arbres, i al cel no hi queda ni rastre de la contaminació habitual de la ciutat.

Li calen uns segons per entendre que són lluny de l'escola. **MOLT LLUNY.** Encara no sap **SI GAIRE O MOLT.**

—Ha desaparegut la Sala de Càstigs! —diu l'Hugo. De sobte, entén la situació: Si no hi ha sala, no hi ha càstig—. Visca! **NO HI HA CÀSTIG**, no hi ha càstig, no hi ha... —L'Hugo mira bé al seu voltant, són en un bosc—: no hi ha RES.

—Aparta el teu cul flàccid de la meva cara! —diu un embalum molt dur just a sota del Professor. L'Ulisses gairebé es desmaia quan descobreix que la veu prové de la màquina de fer crispetes.

La Gala fa un somriure entremaliat.

—Doncs sí que mola l'Scratch. No sabia que havia programat un robot amb tanta personalitat.

—**GRÀCIES**, tu també moles bastant. Per ser humana —li respon el robot.

—Som a Scratchilàndia? —pregunta l'Hugo
El robot de la Gala estira les extremitats i es redreça. La càmera integrada als ulls escaneja els rostres dels tres humans.

—Reconeixement facial completat. Em queda algú per conèixer? Tinc ganes de conèixer-vos a tots! L'edat mitjana sembla **FASCINANT**.

Tots tres miren la màquina de fer crispetes, modificada amb un comandament a distància, un rellotge i un grapat d'intel·ligència artificial.

—**EDAT MITJANA?** —diu el Professor, intrigat i acollonit a parts iguals.

—Hem **VIATJAT EN EL TEMPS**? —pregunta la Gala, confosa. Pot ser que al robot se li hagi fos un fusible?

—Vaja. I havia de ser l'edat mitjana, que **NO EN SÉ RES** —diu l'Hugo.

El Vigilant no pot dir res, acaba de desmaiar-se.

6

Quan es desperta, el Professor esclata en una riallada tan aguda i estrident que a l'Hugo li recorda els fans quan van a veure els seus youtubers preferits.

—El robot ha perdut un cargol —es burla el Professor, fent un copet a la carcassa—. Viatjar en l'espai-temps? Impossible! Però com continueu dient ximpleries, repetireu curs i sabreu què és tornar al passat. **PERÒ DE DEBÒ.**

La Gala s'ajup i obre la tapa del robot.

—Espera! —diu ell—. Si et plau, no em desconnec...

No té temps d'acabar la frase. La Gala l'ha desactivat i n'està comprovant les connexions.

—El C-RV3LL funciona al 100 %.

Pel que sembla, el robot té nom propi.

—Al 100 % de bogeria, vols dir —insisteix el Professor.

—Però Gala... acaba de dir que **AIXÒ** és l'edat mitjana —apunta l'Hugo, que no la vol contradir però que agrairia molt saber que el robot s'equivoca.

—**AIXÒ JA HO HE SENTIT** —li deixa anar la Gala, tota seca. Però per sort no li fa els ulls-raigs-làser. Està massa preocupada—. No sé a què treu cap això. Se suposa que no té software d'imaginació...

La Gala dona un cop d'ull al codi font del robot. Amb tanta espurna, se li han capgirat les ordres:

```
Després de ballar reggaeton
    Aturar en el temps 1149
    Filosofar sobre l'origen de la vida
    Preparar crispetes
    Treure la brutícia dels cargols

En prémer dues vegades el botó lateral
    Estendre la rentadora del Professor
```

—Pot ser **VERITAT**? —pregunta l'Hugo preocupat—. Això de viatjar en el temps, dic. He de ser a casa a les cinc de la tarda, si no la meva àvia es cabrejarà.

—És molt però que molt improbable —respon la Gala, que treu la tauleta de la motxilla i fa les seves comprovacions.

El GPS no funciona. I, és clar, no hi ha rastre de cobertura o wifi.

—«Molt però que molt improbable» no és **IMPOSSIBLE** —diu el Professor, que es comença a inquietar—. Pel que més vulguis: torna'ns a la Sala de Càstigs abans que el meu pare se n'adoni!

—El teu **PARE**? —pregunta l'Hugo, confós—. Tu també has de tornar a casa per sopar? —Sembla gran per a aquestes coses.

—El seu pare és el director —diu la Gala mentre continua revisant el C-RV3LL.

L'Hugo fa uns ulls com unes taronges.

—No tenim temps per a explicacions —talla el vigilant.

L'Hugo està a punt de preguntar, però un crit de la Gala interromp qualsevol conversa a tot el bosc. Fins i tot els ocellets fugen esporuguits dels arbres buscant una situació menys incòmoda.

NO, NO, NO, NO POT SER!
NO POT ESTAR PASSANT AIXÒ!

No deixa de remenar l'interior del robot amb cara d'autèntica preocupació. Molt semblant a la cara que poses a final de curs quan les notes no són les esperades.

—Oh, oh —diu la noia mentre fa que no amb el cap i revisant el rellotge del C-RV3LL. Després en tanca la carcassa a poc a poc i el torna a encendre.

El robot fa uns saltirons d'alegria, torna a estar operatiu!

—Hola de nou, amics! Ens posem en marxa? Tinc **MOLTES GANES** de veure món!

—L'he feta ben bona... —murmura la Gala.

—Què dius? —pregunta el Professor.

—Que l'he feta ben **BONA**... —repeteix la Gala, més per a si mateixa que per als altres—. Se suposa que el C-RV3LL t'havia de portar a classe a les 11.49 am... Però crec que no he estat prou precisa amb l'ordre. Bàsicament, m'he deixat el punt. El robot ha entès que havíem de... VIATJAR a l'ANY **1149**.

Els dos nois se la miren com si no entenguessin res.

—De veritat, no és tan difícil. —La Gala obre el bloc de dibuixos de la tauleta.

—O sigui que sí. Que som a l'edat mitjana —diu l'Hugo.

—El meu pare em mata —diu el Professor.

—I la meva àvia —recorda l'Hugo.

La Gala està a punt de respondre però no hi és a temps. Perquè de sobte senten uns cascs de cavalls que s'apropen pel bosc. Corren a amagar-se darrere d'uns arbustos, estirant el C-RV3LL com poden. Però el robot té uns altres plans.

—Ei! Deixeu-me veure què ve per allà. Fa anys que estic atrapat en un cos d'una màquina de fer crispetes. Vull PASSAR-M'HO bé!

TITO TITO TIIIIIIIII

—PROFESSOR, ÉS L'HORA DE BANYAR-TE.

—Pots apagar aquesta ferralla, Gala?! —crida el Professor—. No sabem qui ve, però val més que no ens vegi.

L'alarma s'atura de cop i el robot gira sobre si mateix per enfrontar-se a l'Ulisses. Però almenys calla.

—M'has dit FERRALLA? —El C-RV3LL activa el llum vermell dels seus ulls per expressar indignació—. Em nego a suportar aquestes humiliacions humàniques! O humanitàries. O humanistes. D'un humà ruc, vull dir!

—Ui, quina por! Una màquina de fer crispetes enfadada! Què faràs? Cremar les crispetes? —se'n riu el Professor, fent com qui no se l'escolta.

—Et diré el que NO faré: **TORNAR-TE A TRANSPORTAR** en el temps, desagraït! Aquí us quedeu!

Dit això, el robot C-RV3LL emet una esfera groga ambre i desapareix de tornada al present. L'últim que senten és un «No soc ferralla!» amb ecos en l'espai-temps.

—Espera, C-RV3LL! —crida la Gala, però el robot ja és lluny, concretament al segle XXI.

L'Hugo vol posar-se a plorar, però li sembla que no és el moment.

I, efectivament, no l'és. Perquè abans que puguin eaccionar, una dotzena de soldats muntats a cavall els han envoltat.

Semblen sortits d'una pel·lícula medieval, però són de debò i, a més... FAN PUDOR.

És clar: a l'edat mitjana encara no han inventat la dutxa.

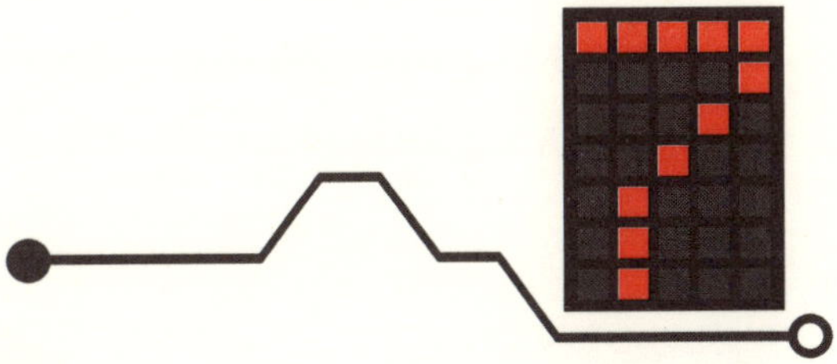

Els soldats porten estendards i van carregats amb armes pesants. No sembla que vinguin en to de PAU. Les llances apunten directament als cors dels viatgers en el temps.

Uau. Sembla gros quan ho veus escrit: «viatgers en el temps». És clar que no arribaran a casa per sopar.

Sense creuar ni una paraula, els tres humans són arrestats i llançats dins d'una gàbia mòbil, que es posa en marxa de seguida. Els soldats medievals no hi entenen de drets.

—El director em matarà —diu el Professor. Està tremolant en un racó de la gàbia mòbil—. Us he portat a l'edat mitjana!

—Ens hi ha portat el **MEU** robot. No t'atribueixis l'invent.

Fins i tot en aquestes circumstàncies, la Gala no pensa treure's mèrits. Que l'hagi creat per error és el de menys. Colom va descobrir Amèrica sense voler i ningú no li ho retreia.

—D'acord, a veure, que em situï. Ho vaig estudiar a la universitat —diu l'Ulisses—. Edat mitjana, any 1149... Això és la plena edat mitjana!

—Baixa o mitjana? —pregunta la Gala—. No m'aclareixo.

—L'Edat mitjana es divideix en l'alta, la plena i la baixa edat mitjana.

—Sí, perquè dir-ne mitjana edat mitjana sonava estrany —afegeix la Gala.

—Potser ho hauria d'haver estudiat —sospira l'Hugo.

—M'avorreeeixo —diu la noia.

—Com que t'avorreixes? És un període **FASCINANT!** —El Professor s'emociona per moments, s'aixeca per expressar-se millor, però es dona un cop al cap amb els barrots de la gàbia—. En aquesta època, el sistema feudal s'aferma: els reis són més reis i els vassalls més vassalls! També s'estenen les croades, que eren uns cavallers que anaven a cops de porra amb els que pensaven diferent. I es desenvolupen les primeres ciutats, on es contagien malalties a dojo. —Es queda pensant en el seu discurs i calla. Aleshores comprèn la gravetat de la situació i crida—: Espereu, això és perillosíssim: us he de tornar al present!

RÒMUL
AUGÚSTUL

ALTA EDAT MITJANA (SEGLES V-X)

PLENA EDAT MITJANA (SEGLES XI-XIII)

476
CAIGUDA DE L'IMPERI ROMÀ D'OCCIDENT.

711
ELS MUSULMANS ENTREN A LA PENÍNSULA IBÈRICA. ELS VISIGOTS NO PODEN FRENAR-LOS. LES GUERRES RELIGIOSES VAN PER LLARG.

1149
US TROBEU AQUÍ.

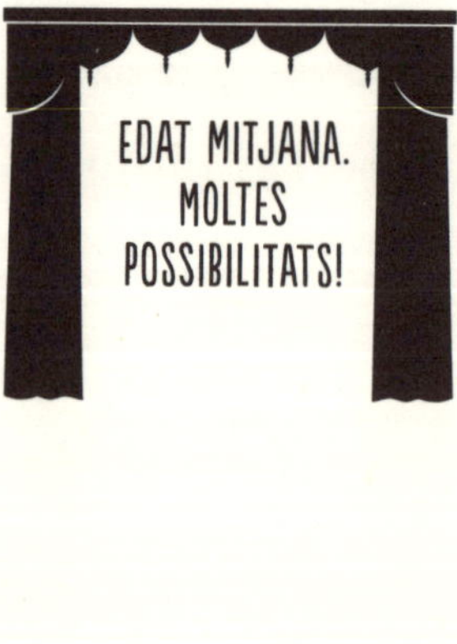

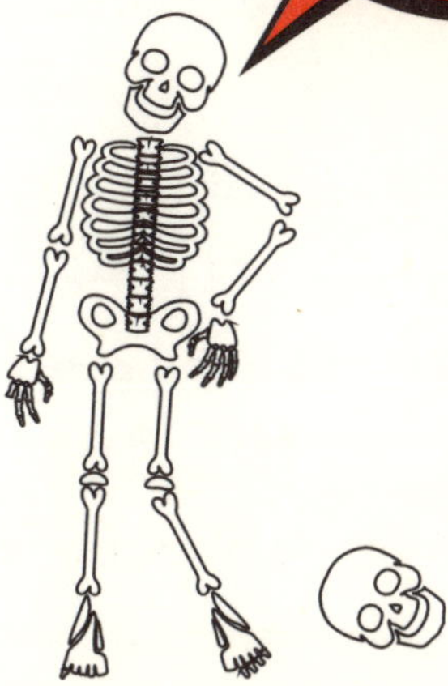

BAIXA EDAT MITJANA (SEGLES XIV-XV)

1347
LA PESTA NEGRA S'ESTÉN PER EUROPA I EN MATA UN TERÇ DE LA POBLACIÓ.

1450
GUTENBERG INVENTA LA IMPREMTA I, DE RETRUC, ELS LLIBRES TAL COM ELS CONEIXEM.

1492
EL DESCOBRIMENT D'AMÈRICA POSA PUNT FINAL A L'EDAT MITJANA. COMENÇA L'ERA MODERNA!

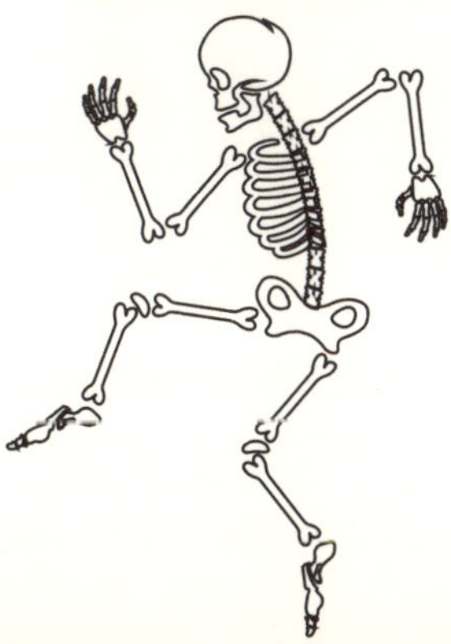

—Tot això està molt bé. I en un altre moment potser fins i tot m'hauria animat a fer un tomb per aquí. Però ja m'explicaràs **COM TORNEM** a la nostra època. Si haguessis estat calladet, el C-RV3LL no se n'hauria anat. —La Gala s'asseu en el racó oposat de la gàbia en senyal de protesta.

—Calleu, estrangers! El rei sabrà com castigar-vos.

—Plena edat mitjana, ja us ho deia. —El Professor s'ho està passant pipa—. Aquests titolets nobiliaris els delaten!

Una estona després, la comitiva arriba a un castell de pedra amb pinta de tenir les masmorres d'allò més llardoses. El carrogàbia travessa la muralla del castell i s'atura al pati. Un parell de soldats peluts i pudents els empenyen a l'interior de l'edifici, però abans el Professor dona un cop d'ull a l'escut de la façana.

I es queda de pedra. (El Professor, no l'escut. L'escut ja ho era de pedra.) No és la primera vegada que veu aquest escut: **UN PORC ALAT.**

—No m'ho puc creure! —Es posa les mans al cap—. Som al castell de la Pudor!

No pot acabar. Un dels soldats li clava una clatellada per llest.

8

Mentrestant, a l'escola, la Sala de Càstigs està en silenci fins que apareix una esfera de llum ambre acompanyada d'espetarrecs d'electricitat. Uns segons després, el C-RV3LL es materialitza en el present. Li cal una estona perquè se li passi l'empipada de la discussió amb el Professor. En concret, el que triga el seu microones intern a **REFREDAR-SE**.

—Mira que dir-me «ferralla», a mi. Qui s'ha pensat que és?

L'adult que es fa dir Professor és un idiota de campionat.

El noi, que pel que sembla es diu Hugo, tampoc no és cap geni. Segur que el seu cervell no serveix ni per omplir un megabyte.

Pel que fa a la Gala... Bé, la noia són cables d'un

altre processador. L'única persona que el pot entendre és la seva creadora.

JA. Sí. Però no ha mogut ni un dit quan el Professor ha intentat desconnectar-lo. El C-RV3LL no li ho perdonarà **TAN FÀCILMENT.**

A més, la culpa la té ella, per haver-li instal·lat «sentiments rancuniosos» juntament amb la resta del software.

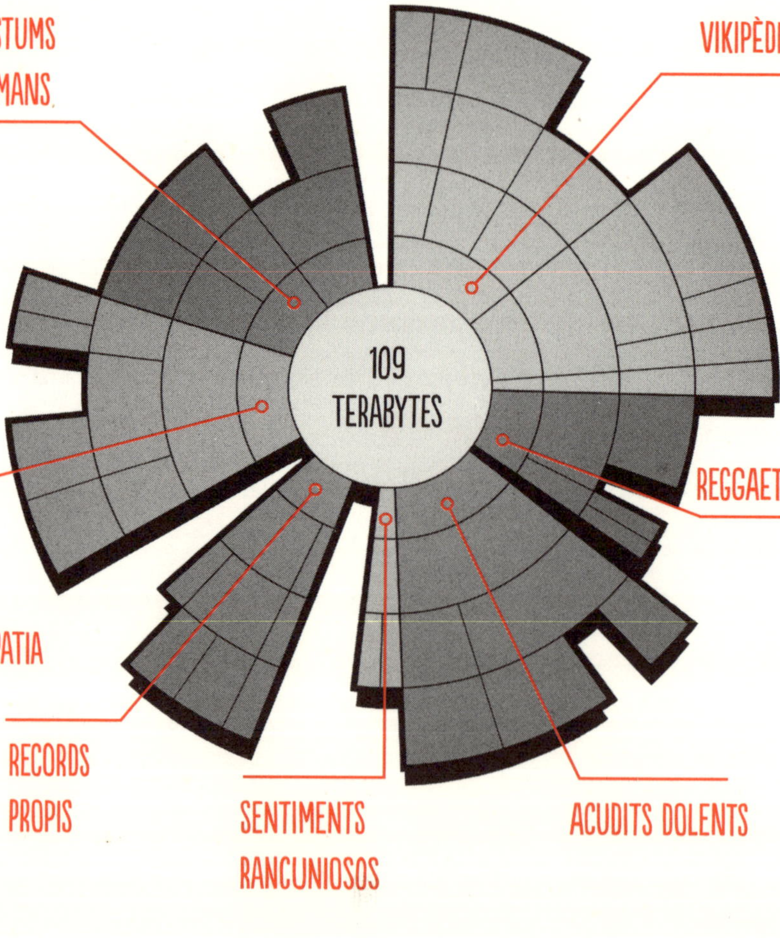

Repassant els seus circuits interns, el C-RV3LL s'adona d'una cosa: per primera vegada des que el van construir no té **CAP** missió.

La llibertat de què parlen els humans deu ser una cosa semblant a això. No tenir cap tasca programada.

El robot activa la música i es posa a moure l'esquelet de metall. Projecta llums de colors a la paret i la Sala de Càstigs es converteix en una pista de ball improvisada.

DES-PA-CIIIIIII-TOOOOO

De sobte se sent un sorollet que no té res a veure amb el «Despacito» que està ballant: el seu sensor de moviment detecta que algú s'apropa amb presses pel passadís.

El C-RV3LL bloqueja la porta amb el seu braç extensible mentre improvisa alguna cosa. L'estrany intenta forçar-la, sense èxit.

EL C-RV3LL extreu la càmera microscòpica i la passa per l'escletxa de la porta per veure qui intenta entrar.

El C-RV3LL fa una cerca a la seva memòria. El rostre té dues coincidències a la seva base de dades:

LLEÓ
98% COINCIDÈNCIES

SR. CUCHICUCHI
99% COINCIDÈNCIES

El zoo és a uns quants quilòmetres de distància, per tant, el lleó queda **DESCARTAT**. El C-RV3LL assumeix que ha de ser el director de l'escola.

—Ulisses, obre'm immediatament! —crida el senyor Cuchicuchi des de l'altra banda.

Ups! El primer que se li acut és amagar-se i prou.

Però després s'ho repensa.

Què passarà si no troba el Professor? Avisarà la policia?

Aleshores revisaran cada centímetre quadrat de l'escola fins que trobin alguna pista (i l'única pista que trobaran serà ell). Si el director s'assabenta que ha deixat els altres tres a l'edat mitjana, segur que el desmunta. El C-RV3LL no vol **NI IMAGINAR** en quin horror acabaria transformat. De màquina de fer crispetes a maquineta d'afaitar. La llibertat era això.

—Pensa, C-RV3LL, pensa! —El C-RV3LL es posa nerviós, que en un robot significa que els seus processadors van al ritme d'una batedora embogida.

Ha de fer alguna cosa. **RÀPIDAMENT**.

Té una idea. Desbloqueja la porta, s'amaga en una cantonada de l'habitació i projecta un holograma amb els seus ulls.

El director Cuchicuchi entra a l'aula fet una fúria.

—Està totalment prohibit tancar la porta de la Sala de Càstigs! — La veritat és que rugint així sembla un lleó—. Has oblidat què li va passar a l'anterior vigilant? També vols que els bombers t'hagin de recollir a trossets?

Però en entrar, es queda de pedra. La Sala de Càstigs és el més semblant a una visió del paradís dels Professors. El Vigilant està somrient al seu lloc. La Gala i l'Hugo estan asseguts als pupitres, amb el cap cot fent arrels quadrades. **ARRELS QUADRADES**? Aquí potser el C-RV3LL s'ha passat amb la ficció.

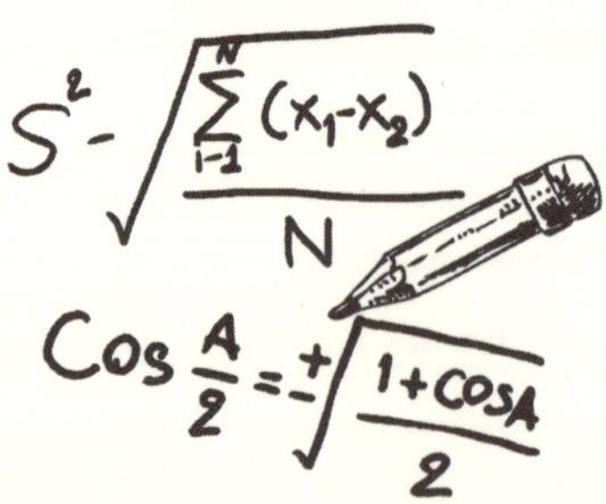

—Què passa, tron? Estem concentrats a full. Per això no hem sentit la door.

El director Cuchicuchi aixeca una cella en sentir el seu fill.

—Es pot saber PER QUÈ parles com si t'haguessis engolit un raper, Ulisses?

El C-RV3LL entén que ha de seleccionar un altre llenguatge del software si vol que l'holograma s'assembli al Professor. El programa ràpidament:

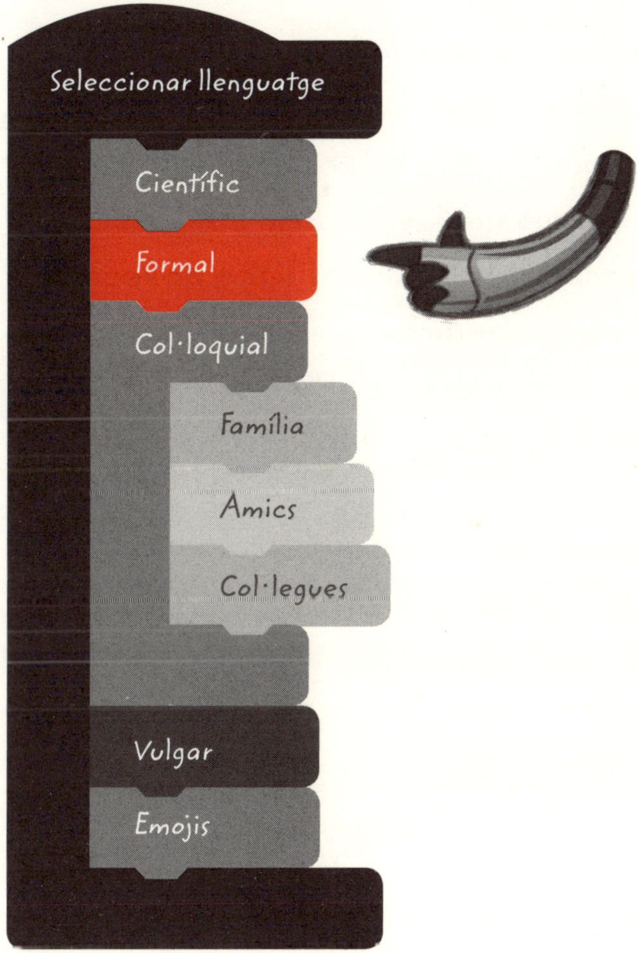

—Era una broma per trencar el gel. —L'holograma parpelleja uns segons. El director es frega els ulls—. No et preocupis gens: tinc **LA SALA** sota control.

—Segur? —El senyor Cuchicuchi es passeja entre els pupitres—. Perquè la professora de música s'ha queixat d'uns sorolls infernals que venien d'aquesta aula.

El director s'apropa perillosament a l'holograma de la Gala. De sobte, el C-RV3LL s'adona que no és ella: amb les presses en lloc seu ha projectat l'holograma de Lady Gaga. La noia fins i tot porta un tros d'entrecot al cap. Com que els noms s'assemblen...! **NO ES POT** anar amb presses!

El senyor Cuchicuchi ha notat alguna cosa estranya i s'hi acosta perillosament. El robot ha de trobar una sortida urgentment per salvar la situació.

–VISCA L'ESCOLA!!!

El director es queda garratibat sobre una rajola. Després es gira lentament i mira l'holograma de l'Hugo de fit a fit.

—Es pot saber a què es deu això?

L'holograma de l'Hugo es rasca el mentó. El C-RV3LL improvisa a gran velocitat.

—No ho sé. Em venia de gust dir-ho?

—Et venia de gust cridar «Visca l'escola»?

El robot aprofita la confusió per substituir l'holograma de Lady Gaga per la Gala autèntica.

—És que m'agrada **MOLT** l'escola —diu l'Hugo tímidament. El C-RV3LL ha dit el primer que se li ha acudit. I no ha sonat gaire creïble. Però és que no coneix gaire l'Hugo, no té res carregat sobre la seva personalitat.

—Saps que ets a **LA SALA DE CÀSTIGS**, oi?

El director increpa l'Hugo molt **MOLT DE PROP.**

—I saps que ets a **LA SALA**, oi?

L'holograma de l'Hugo assenteix.

—I saps que els alumnes l'anomenen **LA SALA** perquè els fa tanta, però tanta tanta por que no s'atreveixen a acabar de pronunciar-ne el nom, oi?

El director està tan a prop que si l'Hugo fos l'Hugo i no un holograma **PRÀCTICAMENT** podria veure-li els pèls del nas.

El C-RV3LL es tem el pitjor. El descobriran. Els seus

dies de codi s'han acabat. S'haurà d'anar habituant a l'olor d'aixella.

Llavors, el director es gira cap al Professor, que està congelat com una estàtua de sal.

—Hauràs de ser més sever amb els castigats! No es **GAIRE NORMAL** que els agradi l'escola.

El senyor Cuchicuchi surt de la sala amb un cop de porta, sense esperar a sentir el final. El C-RV3LL respira alleujat.

HA ANAT DE BEN POC!

9

Mentrestant, a l'edat mitjana, les coses no van gaire millor... Els viatgers continuen al pati del castell, tancats a la gabia. L'Hugo, la Gala i el Professor tenen el cos masegat.

—Això queda a prop de **Camelot**? —pregunta l'Hugo, esperançat. Ha vist algunes pel·lis de cavallers i **Camelot** no sembla un mal lloc.

Camelot NO EXISTEIX, *ho sé jo i tot* —li deixa anar la Gala.

La relació entre ells no flueix, que diguem.

—Però estem en un lloc important? —pregunta l'Hugo al Professor.

—El més important! Aquest lloc és HISTÒRIA VIVA.

—I què hi va passar exactament? —pregunta la Gala, que no vol ser menys que l'Hugo.

—Eeeeeh... —El Professor vacil·la de sobte—. Bé, això és discutible. Diguem que la majoria d'historiadors... o més aviat tots... creuen que aquí no va passar **RES** digne d'esment. Però s'equivoquen! —exclama amb força—. Hi ha **UN ENIGMA** al voltant d'aquest **castell**.

—Vaja: que només els interessa a quatre bojos **CONSPIRANOICS** com tu —sentencia la Gala—. Avisa'm quan tornis a la realitat.

El Professor arrufa les celles, però no té temps de respondre-li perquè els cavallers els baixen del carro a punta de llança.

Tot i que encara és de dia, l'interior és un pou d'obscuritat i amb prou feines s'hi veuen amb les torxes.

Avancen a empentes i rodolons pel castell.

El Professor està **SUPERATENT** a tot el que veu. És el primer historiador que viatja en el temps!

De ben segur que cap Cuchicuchi ho havia fet mai abans. Ha! Veuràs quan ho expliqui a taula el dia de Nadal.

Quan per fi arriben al gran saló, es queden gelats. Al mig del saló hi ha un gran **TRON** amb forma de... bé, de tron, però dels altres.

Si no fos que són a l'edat mitjana i aquí ningú no sap què és, jurarien que el rei està assegut en un vàter. El rei de la Pudor els observa des de la seva trona i no sembla estar de gaire bon humor. S'assembla al porc de l'escut, però sense ales. Per no parlar de la mala olor. Al castell caldrien almenys un centenar d'ambientadors per treure la pudor de pipí. De sobte, entenen que l'anomenin de la Pudor.

És la primera vegada que es troben davant d'un **NOBLE**. Tot i que anomenar noble un personatge així de pudent i porc és el que la professora de llengua en diria **HIPERBÒLIC**. Una exageració de les bones, vaja.

L'Hugo se l'havia imaginat cobert de pells, amb una corona plena de joies i les mans plenes d'anells. En canvi, el rei que té davant porta una mena de samarreta gegant lligada amb un cinturó, la corona li va gran i els dits, en lloc de plens d'anells, els té plens de ronya. A més, fa burilles.

Com a **ALTESA** tampoc és gaire alt que diguem. Li han de posar un tamboret per arribar al tron. De fet, com a altesa, és força decebedor.

També és cert que l'Hugo no havia estudiat gaire per a l'examen d'Història. Potser els nobles sempre han estat així i ell ni se n'havia assabentat.

Al rei l'acompanya una nena que deu ser la seva filla. Té una corona però petita, és blanca com la roba dels anuncis de detergent i fa **ULLETS** a l'Hugo.

Però l'Hugo no se la mira. Està pensant en la tècnica de tortura medieval que faran servir per carregar-se'l.

a. Tortura d'estirament extrem
b. Tortura de la latrina
c. Tortura animal

—Com goseu entrar als **MEUS** dominis? —L'alè del rei de la Pudor arriba a deu passes de distància. El seu cognom és ben merescut.

El Professor fa el gest de parlar, però la Gala s'hi avança:

—Estava programant un robot sense molestar **NINGÚ** —La noia mira el Professor amb una mica de ressentiment— quan em vaig embolicar amb l'Scratch, el circuit elèctric va petar i tatxan! De viatge en l'espai-temps.

La cara de l'audiència és un poema. Un capellà sembla que murmura **«BRUIXERIA»**.

Per sort, el Professor tapa la boca a la Gala abans que els fumin tots a la foguera.

—Disculpeu la meva neboda. Està una mica TARADA des que la vam rescatar de les urpes d'un monstre marí! —diu l'Ulisses, i els nobles la miren amb pena. La Gala encreua els braços—. Hem vingut fins aquí a la recerca de noves oportunitats. La pesta gallinera ha arrasat el nostre poble, i hem sentit que aquesta comarca és tan pròspera que tothom hi pot treballar.

Els vassalls aplaudeixen el rei de la Pudor. Aquest diu «gràcies, gràcies» fins que paren, i vocifera als estrangers:

—D'acord. Us podeu quedar aquí per treballar. Demà és la **JUSTA CHAMPIONS LEAGUE**, el principal esdeveniment de l'any.

«UE, UE, UE, UEEEEEEEEEEEEEE.»

En sentir **«JUSTA CHAMPIONS LEAGUE»** tots els cavallers del saló coregen un «ue, ue, ue» com si fossin goril·les i piquen de peus a terra com si acabés d'entrar una estampida de mamuts. No sabem què és la Justa. Però sembla que els fa il·lusió.

—A més, això és ple de cronistes. I les execucions només em porten mala premsa.

La Gala, l'Hugo i el Professor respiren alleujats. Per un moment han pensat que els enviarien a la forca.

Però per desgràcia, elque els espera no és gaire millor:

ATRAPATS A L'EDAT MITJANA I, A SOBRE, SEPARATS. A VEURE COM TORNEN A CASA, ARA!!!

13

La veritat és que la Gala hauria preferit vestir-se de bufó.

El que li passa sí que és greu: l'obliguen a posar-se una faldilla! Pel que sembla, a l'edat mitjana és tan normal veure una noia amb pantalons com coincidir amb un diplodocus en banyador.

A més, si no endreça mai la seva habitació, com diantre netejarà el **castell**?

Per desgràcia, les condicions laborals de la Unitat de Criades de la Neteja són inexistents. La noia fa tres hores que està agenollada intentant netejar un bassal de sang a la catifa. I el pitjor, encara no ha vist res que pugui programar per tornar al present. I aquesta època no mola gens.

Aquí no s'hi quedarà pas, que no hi ha wifi. **NI DE CONYA.** Ha de tornar sigui com sigui.

—No sé com pots aguantar **AQUÍ**—li etziba a la Jimena, la seva companya de feina—. Ens donen un uniforme horrorós i ni tan sols tenim guants. Agafarem el tètanus o qualsevol cosa pitjor. Dimiteixo! —La Gala llança el davantal a terra, indignadíssima.

La Jimena la mira como si hagués vist un extraterrestre. O a una noia del segle XXI, que pel cas és el mateix.

—On és la ferreteria, aquí? Necessito material per fer un robot i tornar...

La criada se la mira pensant que està **COM UNA CABRA.** Li torna el davantal ràpidament.

—Torna a la feina si no vols que ens castiguin! —diu la Jimena horroritzada—. Dona gràcies que el rei ens dona un plat de farinetes per sopar i un cau ple de rates per dormir.

—**RATES?!** —pregunta la Gala alarmada.

—No estan tan malament: a l'hivern ens escalfen una mica.

L'única rata que ha vist la Gala a la seva vida és en una gàbia del laboratori de l'escola. Sense comptar el MICKEY MOUSE.

—Però tu sents què dius? —La Gala llança el drap a la galleda i la mira amb ferocitat—. Vinc d'un lloc on les noies **MANEM**. Cap rei pudent ens diu què hem de fer.

—De veritat? I aquest lloc d'on veniu... queda gaire lluny?

La Gala somriu de bon grat.

—Si m'aconsegueixes un bon xassís, t'ho explico. Em portes **ARA MATEIX** a la ferreteria?

11

L'Hugo està **FASTIGUEJAT.**

Quin desengany això de l'edat mitjana. Viatjar mil anys per acabar d'esclau d'un ferrer que es fa dir Nuño... Ferrer.

Pel que sembla, els cognoms encara no tenen gaire tirada al segle XII i molta gent pren el nom de la feina que fan. Si les coses fossin igual al segle XXI, hi hauria cognoms com Youtuber i Instagramer. L'Hugo podria ser Hugo Lego. Hugo Leguer. No, millor. **HUGO LEGONCI?** Mmm. S'ho haurà de pensar.

—Espavila! —Un clatellot d'aquests amb retrocés impedeix que l'Hugo arribi a cap conclusió sobre el seu cognom. El ferrer l'hi ha clavat amb els seus bíceps d'acer. L'Hugo s'empassa saliva—. A la ferreria del rei no es descansa. I menys a un dia de la JUSTA!

El ferrer treu de les brases un tros de ferro que té una forma semblant a la d'un dels seus blocs de construcció. Per un segon, l'Hugo té l'esperança que la seva feina a la ferreria sigui com construir amb el Lego però amb blocs de ferro. Ara bé, abans que l'Hugo pugui treure les seves peces de la butxaca, el ferrer s'acarnissa a cops contra el tros de ferro. És evident que tot ha estat una il·lusió fugaç: el que l'home volia fabricar és una **DAGA ASSASSINA.**

L'empunya quan encara està roent i la llança contra la paret. La daga es queda clavada a la pedra, l'empunyadura tremola menys dissimuladament que l'Hugo. Està envoltada d'armes tant o més letals.

—Hi ha alguna arma que no sigui assassina? —L'Hugo s'empassa saliva.

—Per què vols una arma que no sigui assassina? —pregunta el Ferrer confús—. Si no matem l'enemic, com guanyarem la **JUSTA CHAMPIONS LEAGUE**?

—Què és exactament una justa? — L'Hugo ha sentit aquest nom abans, sembla una celebració.

—Una justa no, noi. LA JUSTA. La **JUSTA CHAMPIONS LEAGUE**, la principal competició medieval a set regnes a la rodona. El moment en què els millors

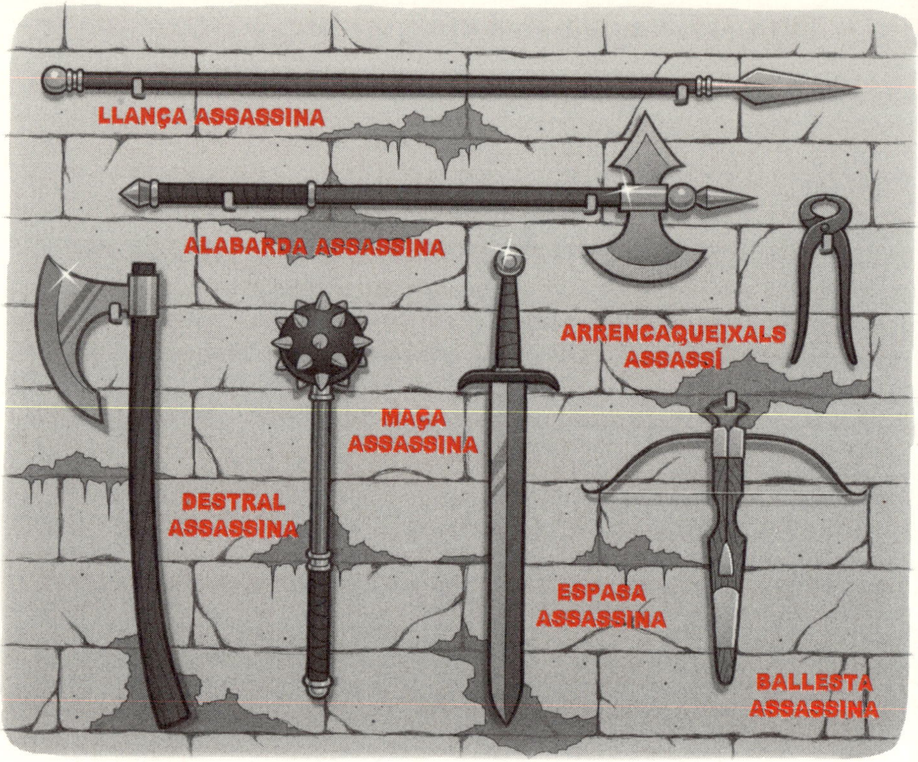

cavallers competeixen per demostrar qui és el més ferotge i temible. El moment en què **LES ESPASES** treuen tot el seu potencial mortífer. El moment en què **FLUEIX EL VI I EL MENJAR I LA SANG DELS DÈBILS.**

L'Hugo s'empassa saliva una altra vegada. Han de marxar d'aquí com sigui. Tan aviat com sigui.

—Ah, sona fantàstic, però jo tenia un tema... —diu l'Hugo apropant-se a la porta a veure si es pot escapolir.

Però el Ferrer li barra el pas en sec.

—La Justa és l'esdeveniment més important de la vida del castell. Estic colgat de feina. Em va molt bé tenir un aprenent. Anota:

L'Hugo pren nota de les feines d'aprenent.

- CONTROLAR EL FOC DE LA FORJA SENSE CREMAR-SE.
- MODELAR EL METALL PER FER LES MILLORS LLANCES MORTÍFERES PER A L'EQUIP DEL REI A LA JUSTA.
- ACONSEGUIR MATÈRIA PRIMERA DEFECTUOSA PER A LES ARMADURES DE L'EQUIP VISITANT.
- PRENDRE ELS ENCÀRRECS DELS CAVALLERS.
- I MOLT MÉS.

L'Hugo està cruixit fins a les parpelles i s'ha socarrimat el serrell almenys mitja dotzena de vegades. A veure si serà veritat allò que la gomina és **INFLAMABLE**, com diu el pot.

—I quan anem al lavabo? —pregunta l'Hugo tornant a intentar un apropament dissimulat cap a la porta. Ho ha d'explicar a la Gala, això de la Justa; cal fugir d'aquí **IMMEDIATAMENT**.

—Quan acabem! —exclama el ferrer tancant-li la porta als nassos mentre torna a la feina de la forja.

L'Hugo mira la pila de blocs, mira la llista de tasques, torna a mirar la pila de blocs. S'adona que no acabaran mai. En tenen per dies.

—Si ho acabem tot abans de demà, a l'estiu deixaré que t'agafis **MIG DIA** de descans.

Caram. Realment l'edat mitjana **FA PUDOR** pel que fa a drets del treballador.

Com es reunirà amb la Gala si no pot abandonar la forja? Com tornarà a casa si no és gràcies a ella? Ha de pensar alguna cosa per avançar feina i aconseguir que el Ferrer li doni una estona lliure. I ho ha de fer **RÀPID**.

De sobte, mirant el munt de blocs se li acut una idea. **LA IDEA**. Una d'aquestes que si no fos seva s'atreviria a qualificar de **BRILLANT**. Però com que és seva, ho deixarem en **A VEURE SI FUNCIONA.**

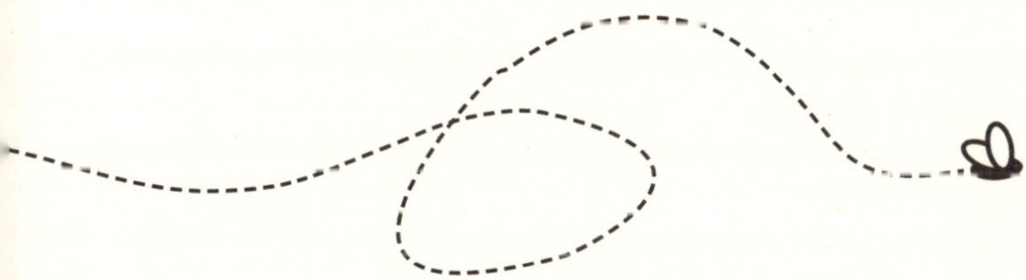

12

Al C-RV3LL li calen uns minuts perquè se li ventili el microprocessador: la visita inesperada del director Cuchicuchi una mica més i el curtcircuita.

Però la jugada li ha sortit bé. Ara sí: ara podrà gaudir de la **SEVA LLIBERTAT!** Però si vol veure món, el millor que pot fer és **TOCAR EL DOS DE SEGUIDA** de l'escola abans que l'enxampin.

Comença a caminar pel passadís quan una oloreta interessant li crida l'atenció. Els seus sensors detecten què és:

Ingredients per a 500 alumnes::

- 150 litres de beixamel barrejada a la piscina infantil
- 6.000 làmines de pasta fabricades amb exàmens triturats
- 500 quilos de carn picada d'animal extint no identificat
- 400 cebes picades (utilitzar ulleres de bussejar per no plorar)
- 350 llaunes de tomàquet triturat (posar-lo sense les llaunes... si no es vol «gust metàl·lic»)
- 2.500 cullerades d'oli reciclat del bus escolar
- 25 quilos de formatge ratllat (com més pudent, millor)

Doncs la veritat és que no sona GENS MALAMENT. El C-RV3LL creu que especialment la part metàl·lica pot ser deliciosa. Però què en sap ell, si no té sentit del gust.

El C-RV3LL fa una cerca ràpida a Google:

PLATS PREFERITS DE LA POBLACIÓ OCCIDENTAL:

90 % LASANYA   10 % PIZZA

PLATS PREFERITS DE LA POBLACIÓ ORIENTAL:

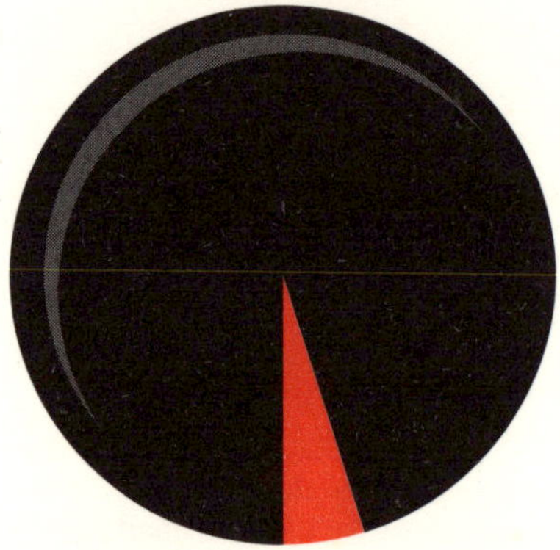

90 % ARRÒS   10 % LASANYA

Caram. Això de la lasanya sona MOLT bé. Fins i tot per a algú sense papil·les gustatives.

No passa res per donar-hi un cop d'ull ràpid. La llibertat és allà fora. I segons té entès, la lasanya es refreda **MÉS RÀPIDAMENT** que la llibertat.

De manera que sense pensar-s'ho dues vegades, es dirigeix cap a la cafeteria i intenta obrir-ne les portes. Però, MALEÏT SIGA, estan tancades.

CLONC CLONC CLONC.

Estira una estona les portes, però res, no hi ha manera.

«Xxxxxxt. Pensa, C-RV3LL: si trec un dels meus braços-bufador i em carrego la porta, se n'assabentarà algú? Alertarà el Director? Val la pena jugar-se-la per un tros de lasanya?»

Mentre sigui prou silenciós...

El C-RV3LL comença a escalfar el bufador intern mentre dona una ullada ràpida al radar per assegurar-se que no ve ningú.

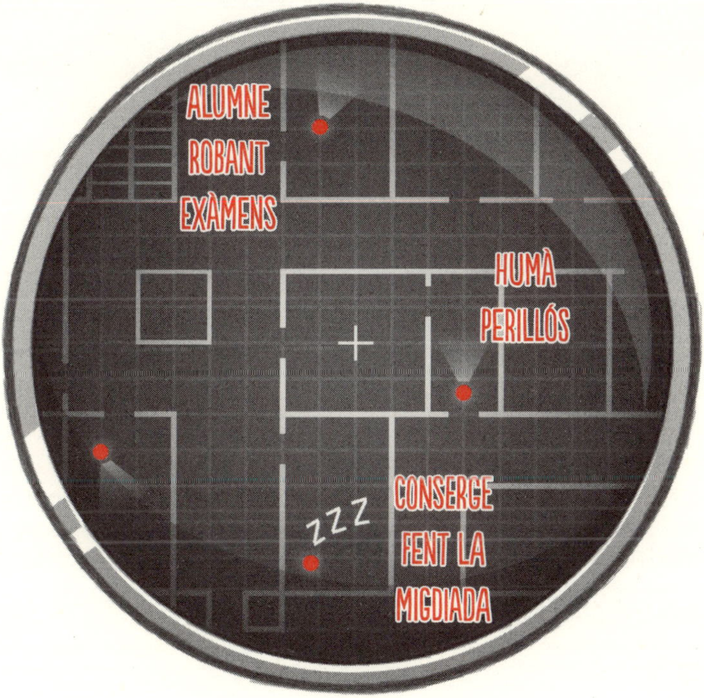

El robot posa el mode vibració (és la manera de tremolar dels robots) i corre a amagar-se a un armariet.

L'humà perillós cada cop està més a prop. Els seus sensors l'avisen que ja està empenyent la porta. Però el C-RV3LL sap que no la podrà obrir. Està tancada, ell mateix ho acaba d'intentar.

Però en comptes del CLONC CLONC CLONC que ha sonat abans, aquest cop només se sent el soroll de claus i la porta s'obre tranquil·lament.

COM?

El C-RV3LL s'atreveix a donar un cop d'ull per la reixeta de l'armariet. Sigui qui sigui, té accés a la cuina. Ha obert amb les claus.

Però en lloc d'algú perillós, el que té davant és un noi diminut, amb una corbata de llacet que sembla un nen de casa bona. El noi es passa el braç per la boca eixugar-se la mica de beixamel de la cara i tanca la porta de la cuina **AMB CLAU.** Després se la fica a la butxaca.

«Humà **PERILLÓS**»? Es deu tractar d'un error de programació de la Gala. Segurament és el fill d'una de les cuineres que ha anat a buscar el dinar.

Un robot amb una intel·ligència artificial i una força com la seva no es pot deixar INTIMIDAR per un nap-buf inofensiu.

El C-RV3LL es confia i surt del seu amagatall. Segur que pot NEGOCIAR amb ell per un trosset celestial d'això anomenat lasanya.

L'angelet se'l mira, flipant.

El C-RV3LL s'acosta al nen i li clava un copet a la coroneta.

—Hola, petitó —diu.

El nen l'agafa pel braç. Per ser tan petit, l'agafa molt **FORT**.

Després l'angelet parla amb una veu ronca:

—No soc **CAP** petitó.

EL C-RV3LL no té temps de reaccionar. El noi l'estira del braç i l'estampa contra la paret. El robot deixa anar un xiulet d'alarma.

—Però **QUÈ** cargols...

Es fixa millor en el noi. Potser és diminut, però aquesta mirada no és gens infantil. El C-RV3LL escaneja ràpidament el seu rostre i troba la seva fitxa a la base de dades policial:

AL PICCOLINI

15 ANYS

1,30 M

25 KG

PLAT PREFERIT (PER NO DIR OBSESSIÓ): LASANYA DE L'ESCOLA

Al «Albertito» Piccolini és l'alumne més perillós de l'escola. Que la seva estatura diminuta no enganyi ningú: és el líder d'una organització d'abusadors del pati, gran lladre d'entrepans i contrabandista d'exàmens. Es diu que fins i tot el director en persona li té por. Si te'l trobes al lavabo, FUIG. Si te'l trobes al menjador, lliura-li la teva ració de lasanya i FUIG. Si te'l trobes a classe... això sí que seria estrany, perquè no hi posa mai els peus, FUIG també!

L'Al Piccolini s'arremanga i torna a la càrrega. Agafa el C-RV3LL per una de les potes i el llança contra l'altra paret.

El que no s'espera és que el robot activi la funció extensible i s'agafi a temps al rellotge de la paret.

—Massa lent! —Se'n burla.

Però el nano no s'atura. El Piccolini treu de la butxaca un tirador amb mira telescòpica i dispara contra el robot. El projectil passa arran, fregant-lo, i explota just al costat.

—Mi-te'l, un tirador de petards, eh? —El C-RV3LL es posa seriós—. Jo també sé jugar brut.

El petit mafiós **SOMRIU** desafiant. Ningú no es burla de l'**AL PICCOLINI.**

Però no ha previst els artefactes del robot, que es planta a terra i s'estira fins a doblar l'alçada habitual. Els dits giren fins que es converteixen en canons de pistola.

—Mamma mia —murmura el Piccolini bocabadat—. Necessito aquesta joguina.

—Joguina, jo? —El C-RV3LL deixa anar fum—. Soc un robot!

Les forces estan igualades. El Piccolini i el C-RV3LL es miren com es miren dos rivals mortals: als ulls i mesurant-se l'un a l'altre.

—1,30 metres, 25 quilos de pes —deixa anar el C-RV3LL. Perquè, és clar, un robot mesura millor que la resta.

—24 —puntualitza el Piccolini, que està ben admirat—. Ets la **MILLOR JOGUINA** que he vist mai. Amb tu podria robar tota la lasanya de l'escola.

I ara és quan al C-RV3LL se li **REESCALFA** el processador. Ell no és cap joguina. És un robot. Ara, concretament, és un robot lliure i té el seu cor.

No ho aguanta més. No té instal·lada una intel·ligència de superestudiós perquè el tractin com un nino de piles.

—Soc un robot!

El C-RV3LL es llança a l'atac com un tanc cap al Piccolini i just abans d'arribar-hi, s'atura en sec tot provocant una ràfega d'aire que el llença contra la paret, el fa travessar el passadís i aterrar al vàter dels més petits. De cap.

—Treu-me d'aquí **IMMEDIATAMENT**! —protesta l'angelet—. No saps amb qui et fiques, sac de cargols.

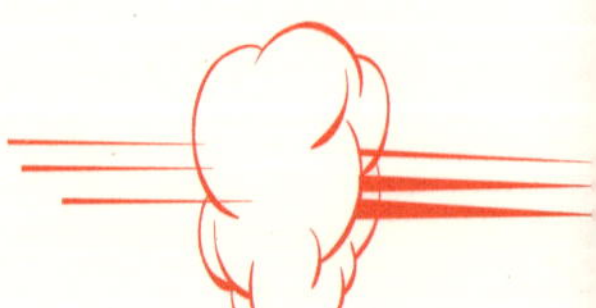

El robot respira alleujat. Ha guanyat, encara que el combat li ha robat d'una plomada més del 50 % de la bateria.

—Toco el dos d'aquí **ARA MATEIX.** Quina mena de lloc és aquest que anomenen escola? Esteu tots bojos!

BATERIA 50 %

13

El Professor no es pot creure la seva sort.

Al principi, quan van viatjar al passat i el C-RV3LL els va abandonar, va sentir basarda. Li costaria horrors explicar al seu pare que havia perdut dos alumnes de l'escola.

—On? —preguntaria el director—. Al passadís? Al carrer?

—No exactament —imaginava que li respondria el Professor—. Concretament, els he perdut a... l'edat mitjana.

Tanmateix, arribar al castell de la Pudor ho canvia **TOT.** Tot. Això és Història viva.

S'expliquen moltes històries del castell de la Pudor, però cap de tan surrealista com la que se suposa que va passar durant la **JUSTA CHAMPIONS LEAGUE** de 1149:

segons la llegenda, el rei va desaparèixer enmig d'un **TUMULT MÀGIC.**

Els historiadors de fenòmens paranormals ho anomenen **L'ENIGMA DEL REI EVAPORAT.** Els historiadors més seriosos no ho anomenen de cap manera perquè directament s'ho prenen a riure.

Però el Professor **ESTÀ CONVENÇUT** que l'episodi amaga alguna cosa més. Un rei no desapareix així com així, com un glaçó al mig del desert. El mite parla d'un raig encegador que ho va envoltar tot i no es va saber mai més res del rei.

A veure, que sí, que sembla una mentida com una casa de pagès per als historiadors, però Ulisses està **SEGUR** que en va passar alguna.

A més, el robot els ha portat a l'any exacte de la desaparició, **NO POT SER CASUALITAT. AIXÒ ÉS EL DESTÍ.** És el destí que li diu que serà ell qui descobreixi el misteri i que passi a la història dels historiadors.

I s'imagina a si mateix a la gala dels Premis dels Historiadors, rebent el Premi a l'Historiador de l'Any (quin si no?).

De manera que comença a investigar. El Professor no perd cap detall del que passa al seu voltant: qualsevol nimietat pot resultar vital per a la seva recerca.

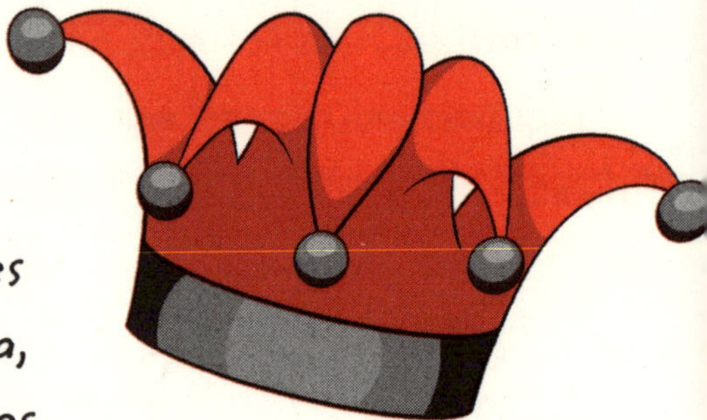

Per sort, a ell li ha tocat ser el bufó de la cort. Així està al rovell de l'ou. Quan es planta al mig de la sala, nota el pes de totes les mirades.

—Per fi una mica d'espectacle! —diu el rei—. A veure. Com us dieu?

—Em dic Ulisses Cuchicuchi. —diu el professor. Està gairebé segur que el seu nom no delatarà que es un viatger espai-temporal.

—A partir d'ara, us direu simplement **Bufó n.° 2.** Si no em feu riure, **MORIREU**. Si em feu morir de riure, també **MORIREU.** I si tinc un rampell i em ve de gust riure amb la vostra mort, sabeu què passarà?

—Em deixareu marxar? —El Professor prova sort.

—No! —Es passa el dit índex pel coll—. També **MORIREU**! Així doncs, més val que em feu riure, **Bufó n.° 2.**

Vist això, més val no preguntar on és el **Bufó n.º 1.**

El Professor pateix un atac de pànic. L'ambició d'un pla li ha fet oblidar un detall important: fingir que és un bufó.

Per sort, en aquell moment sona una trompeteta. Salvat!

—Amb tots vostès, Pispa el Blanc!

Els músics toquen música d'ambient mentre un tipus molt pagat de si mateix entra a la sala.

Sembla un xulo de gimnàs medieval. En passar davant dels escribes, estampa un autògraf a la Bíblia.

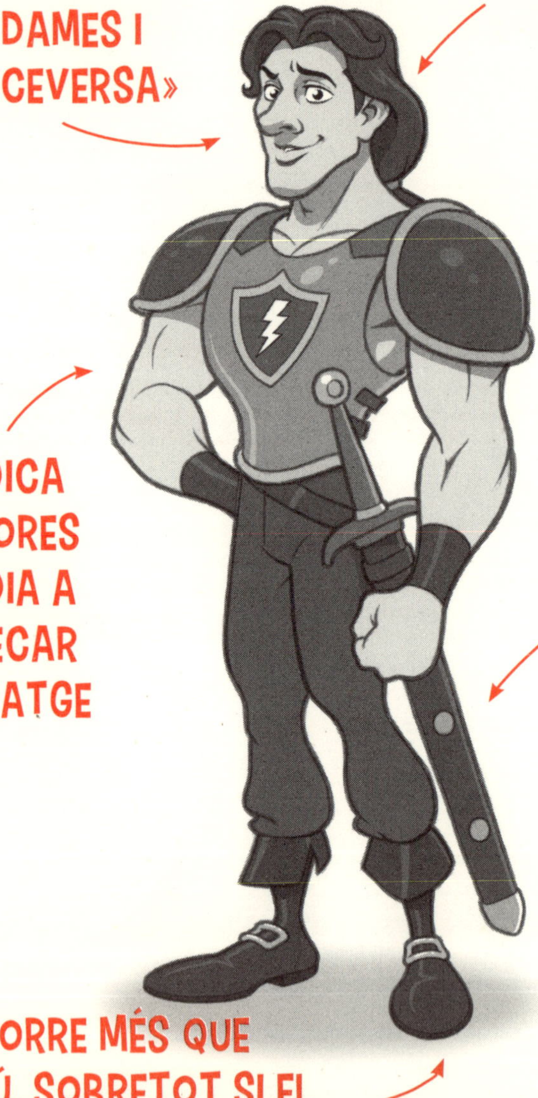
VA PERDRE MIG CERVELL A LA BATALLA DE LA PLUJA DE PEDROTES
TRONISTA DE «CAVALLERS, DAMES I VICEVERSA»
DEDICA 10 HORES AL DIA A AIXECAR FARRATGE
HA MATAT CINC DRACS L'ÚLTIM ANY
CORRE MÉS QUE NINGÚ, SOBRETOT SI EL PERSEGUEIXEN ELS FANS

—Aviat en valdrà milions.

Per últim, fa una genuflexió davant del rei. Però per quedar realment per sota d'ell, pràcticament s'ha d'estirar a terra. El rei és molt i **MOLT** baixet.

—Els meus respectes, altesa.

El seu somriure és d'un blanc nuclear.

—Heu vingut a participar a la **JUSTA CHAMPIONS LEAGUE**? —pregunta el rei, un xic desconcertat.

—No, majestat. A **PARTICIPAR-HI**, no. Vinc a **GUANYAR-LA**, oh yeah.

Pispa el Blanc es colpeja el pit de l'armadura.

I quan ho fa, el Professor es fixa en el relleu **EN FORMA DE RAIG** que creua el ferro de dalt a baix. És l'escut de la seva casa.

Un raig, com el que esmenta la llegenda del moment de la desaparició del rei!

I sorprenentment està elaborat amb purpurina.

Això explicaria la **LLUM ENCEGADORA** de què parlaven els cronistes en el moment de la desaparició?

Ha de ser la primera **PISTA**. El Professor emet un xisclet d'emoció que sona com un gat quan li aixafes la cua. La cort sencera es gira per mirar el Bufó nº 2.

—Ups. —El Professor fa un gest de disculpa pel seu xisclet histèric—. És que en soc **MOLT FAN.**

Tot seguit comença a elaborar la seva teoria. Ja té una pista per dissipar el misteri de **L'ENIGMA DEL REI EVAPORAT** davant dels seus nassos. Una pista de purpurina repujada en cuir.

És clar, pensa l'Ulisses:

EN PISPA EL BLANC HA VINGUT A MATAR EL REI DURANT LA JUSTA CHAMPIONS LEAGUE.

No és tan difícil ser historiador.

14

L'Hugo no s'atreveix a compartir la seva idea amb el ferrer. Segur que al Nuño li sembla una estupidesa. O pitjor: una innovació. I si sap alguna cosa de l'edat mitjana és el que fan amb els innovadors.

Per això, en comptes de plantejar-ho al ferrer, l'Hugo se n'allunya unes passes i es posa mans a l'obra. Potser si ho veu amb els seus propis ulls ho entendrà millor.

Ben mirat, les peces del ferrer no són gaire diferents als blocs de Lego. I de l'edat mitjana no en sap gaire, d'acord, però és un **MESTRE** del Lego. L'Hugo les separa per tipus i mides. Al principi és un embolic perquè la forja està més desordenada que l'habitació de la seva germana, però després d'una estona aconsegueix prendre el control de la situació. Amb les habilitats que li ha ensenyat el ferrer en té prou per fer les peces més senzilles, i en un temps rècord,

AMB QUATRE PECES BÀSIQUES munta una prestatgeria en una paret de l'habitació. Un cop feta, ordena els encàrrecs de la **JUSTA CHAMPIONS LEAGUE** que ara ocupen un terç de l'espai d'abans.

Quan el ferrer aixeca la vista del matamosques de ferro que està forjant, es queda blanc.

—**PER TOTS ELS DIMONIS...** —diu bocabadat.

L'Hugo ja s'ensuma una bona pentinada. Dubta si fugir o defensar-se, i finalment escull la segona opció, però només perquè el ferrer corre més que ell.

—Només he ordenat una mica... —s'afanya a explicar. L'home s'apropa a la superconstrucció de peces, perfectament encaixades perquè no caigui res.

—L'únic «ordre» que conec és el dels TEMPLERS —diu el Nuño. L'Hugo es prepara per rebre un clatellot antològic, però en lloc d'això, el ferrer li fa un copet a l'esquena.

Bé, un copet que el deixa sense alè. El noi es queda plegat.

—Has fet una feina extraordinària! Com has aconseguit construir una prestatgeria en tan poc temps? —Al ferrer se li escapa un riure amable. No havia vist mai la ferreria tan ordenada. S'atansa a la muntanya de peces i repassa la feina de prop—.

I jo que pensava que en néixer una bruixa t'havia picat amb l'escombra...

L'Hugo s'ho pren com un compliment.

—És millorable. —El noi treu unes peces de Lego de la butxaca i les hi ensenya. Les munta i les desmunta davant dels seus ulls—. Veus això que sobresurt? Es pot connectar a la peça superior i així pots anar construint prestatges ràpidament a mesura que els necessitis. Si tots els objectes de la ferreria els construïssis amb peces, aniries més ràpid i acabaries abans els encàrrecs.

—És una idea **REVOLUCIONÀRIA**! Ets un geni, Hugo.

—Bé, de fet, se li va ocórrer al senyor Lego, però... —A l'Hugo li puja el compliment al cap—. Doncs sí que soc un geni, ves. Pots dir-me geni. O pots dir-me **Hugo Legonci**.

El Nuño de seguida es posa a manipular les peces de la ferreria per adaptar-les al nou sistema de muntatge. El ferrer està tan agraït que deixa que l'Hugo descansi una estona. I no n'hi ha per a menys. És un sistema infal·lible. Què podria sortir malament?

L'Hugo de seguida aprofita la seva estona lliure i surt pitant a buscar la Gala. L'ha de trobar tan aviat com sigui possible i tan bon punt la localitzi han de buscar la manera de tornar a casa.

L'edat mitjana fa més pudor que la seva motxilla quan s'hi descuida l'entrepà de xòped. I s'hi treballa **MOLT MÉS** que a l'escola.

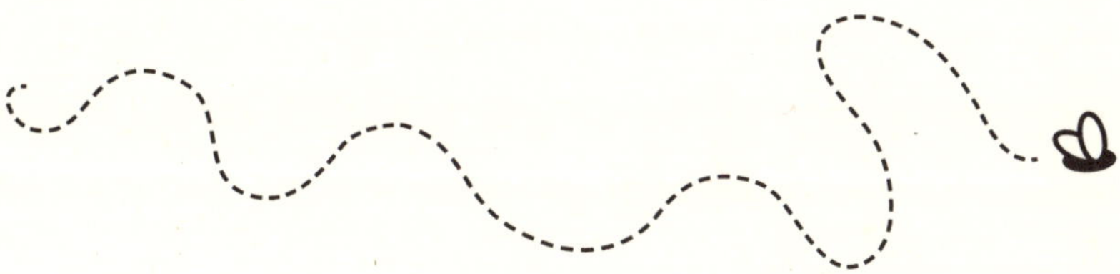

13

La Jimena mai no ha conegut una noia tan estranya com la Gala.

És clar que tampoc és que la Jimena hagi conegut gaire món: només té permís per fregar terres, netejar cassoles i arrencar **MOCS** de sota el tron. Res de fora dels murs del castell.

—Segur que funcionarà? —pregunta amb por a la veu—. Si no podem tornar a fer ranxo, el rei ens penja dels polzes.

Fa tres hores que la Gala treballa a l'habitació de les escombres. Això vol dir que ha desatès les seves obligacions de criada de la neteja durant la mateixa estona, i el mateix passa amb la Jimena, que li ha cedit **UNA OLLA I DUES CASSOLES** de les millors de la cuina per treballar en el xassís.

—Preferiria l'acer en comptes del coure, per no dir

NO ÉS UNA MANERA DE DIR, VA DE DEBÒ.

res d'aquest coure abonyegat. —La Gala fa desaparèixer les peces davant dels seus ulls i les acobla a l'estructura que està creant—. Espera que acabi de programar i ho podràs veure amb els teus ulls.

—Progra... què? —pregunta la Jimena.

—Assigno accions mitjançant un llenguatge de programació. És obvi! —La criada torça el gest—. A veure, el robot actua mitjançant un codi específic que fa que el que jo li ordeni ell ho interpreti i ho executi com a moviments concrets. —La Jimena continua sense entendre-ho. La Gala esbufega de frustració—. És com quan el rei dona ordres als seus súbdits. Així millor?

Actualitzeu el rebost, beneits!

Suprimiu els ratolins del saló, ximples!

Tinc el cul com una roca. Mossos, instal·leu un coixí!

La Jimena només entén això. Encara no sap res dels avenços científics dels propers segles.

La Gala enganxa les eines de neteja a l'esquelet de metall i a continuació es posa a toquejar la tauleta que ha tret de la motxilla. La veritat és que, entre que no té les seves eines a mà i que a la cuina només hi havia cassoles, el que ha aconseguit s'assembla força a una **ASPIRADORA** Roomba medieval. Però farà el fet.

- En prémer el botó
- Activar sensors
- Posar en moviment
- Repetir 3 vegades fins a acabar l'habitació
    - Netejar porqueria de l'habitació
    - Si pica contra paret
        - Girar cap a un cantó i continuar netejant
    - Si hi ha molta brutícia acumulada
        - Calar foc a la porqueria i passar a una altra cosa
- Continuar amb la següent fins a rebre noves ordres de la mestressa Gala

Finalment, la Gala li demana a la Jimena que s'aparti de la carcassa de metall.

Haurà de dosificar la bateria perquè no ha trobat cap endoll al castell. **ÒBVIAMENT**. Encén el motor de la cassola amb rodes i el posa en marxa.

—Et presento el **NetejaBot** —diu amb satisfacció—. **NetejaBot**: aquesta és la Jimena.

La cassola robotitzada tremola d'una manera estranya, una mena de vibració que es podria interpretar com una **SALUTACIÓ**. Al principi, la Jimena s'espanta, però després li correspon amb una reverència. Quines coses, el **NetejaBot** acaba d'arribar a l'edat mitjana i ja entén de protocol.

—I ara, vegem què és capaç de fer la **NetejaBot**.

La Gala dona l'ordre a la seva tauleta i el robot es posa a netejar l'habitació sense deixar ni una teranyina. Un cop comprovat que funci-

ona, la noia s'atreveix a treure'l de l'habitació de les escombres.

El **NejejaBot** es posa en marxa. Es mou per la sala dels trofeus com peix a l'aigua. No deixa ni una taca, treu la pols acumulada des de fa anys i fins i tot dispara un toc **D'AMBIENTADOR** de pi. La Jimena i la Gala ho vigilen des del racó.

—És **BRUIXERIA?** —vol saber la Jimena. No és que la resposta li faci por, però necessita saber a què s'exposa.

—Bruixeria? Millor encara: robòtica.

El robot-cassola deixa la sala de trofeus **RESPLENDENT**, i després ataca la sala de les banderes de regnes conquerits. Només li calen uns minuts per treure la sang que a les criades els costa hores treure. La Gala només ha de corregir el codi XML perquè el robot deixi de blanquejar les banderes.

—Faig uns petits ajustos i llestos.

```
<acció>
    <tipus>bugada_de_banderes</tipus>
    <intensitat>sense_passar-se</intensitat>
</acció>
```

De seguida, el robot fa la feina que a les dues noies els hauria costat un dia sencer de fer. El **NetejaBot** no s'atura aquí i continua fent les tasques de la resta de la setmana.

Unes hores més tard, el **NetejaBot** fins i tot ha netejat els calabossos del castell. Ell solet ha fet la feina equivalent a una vintena de criades. És LA PRIMERA VEGADA que tenen temps lliure des que eren al ventre matern.

—Ens calen més **NetejaBots** d'aquests —diu la Jimena. Les dues amigues s'han estirat als jardins a escoltar les cançons del joglar; la Jimena no n'havia pogut gaudir mai.

—Per construir més **NetejaBots** em caldrà FIBRA ÒPTICA.

Això també l'ajudarà a confeccionar el seu propi robot i així tornar al futur. Però no cal que la Jimena ho sàpiga. Almenys no de moment.

La seva companya posa una cara estranya.

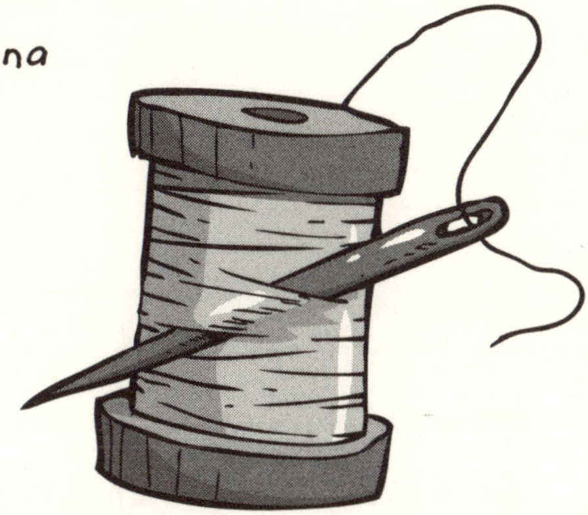

—Això què és? Sona **CAR.** Es com el fil d'or?

—Bé, el fil d'or també em podria servir.

16

Quan l'Hugo arriba a la cuina, ja no hi ha **NI RASTRE** de la Gala. El tipus penjat dels polzes li diu que les quatre criades han marxat.

Però quan puja les escales i posa un peu a l'ala dels dormitoris... algú li salta a sobre. L'Hugo crida com un porc a l'escorxador.

—Fureta! Soc jo, la Petronila! Petri per a tu. —Ai, Déu meu. La noia se'l mira com si se'l pogués **MENJAR** amb els ulls. L'Hugo té una mica de por—. Que no us recordeu de mi, potser?

S'hi fixa millor. La noia té:

1. UN MUNT DE SOLDATS GUARDAESPATLLES
2. UN SEGUICI DE DAMES DE COMPANYIA

3. I L'ÚLTIMA PISTA,
PERÒ NO MENYS
IMPORTANT:
UNA CORONA

Després d'un minut etern, diu:

—Ets... **LA PRINCESA?**

—És clar, **VASSALL TANOCA**. —La Petronila li clava un cop de colze afectuós—. I estàs a les **MEVES ORDRES**. Que bé que participis a la meva coreografia per a la **JUSTA CHAMPIONS LEAGUE**.

—Jo? Us equivoqueu de persona, princesa.

A la Petronila li canvia l'expressió completament. Es tensa i mostra **LES DENTS**. Fa espetegar els dits i els soldats envolten l'Hugo amb cara de pocs amics.

—Ja ho crec que hi participareu. —La princesa diu «O morireu per traïdor» molt fluixet. Després somriu—. Ens ho passarem **PIPA**.

17

El C-RV3LL surt de quatre grapes de l'escola. Primer el viatge en l'espai-temps, després el professor amb cara de lleó i després el perillós Al Piccolini. Les escoles haurien d'estar **PROHIBIDES**!

Tan bon punt posa el peu al carrer, li passen tots els mals. Queda fascinat per la gran ciutat: cotxes contaminants, contenidors a vessar de deixalles, gent absorta amb el telèfon mòbil i un soroll eixordador.

—A divertir-se!

LLIBERTAAAAAAAAAAAAAAAAAA-AAAAAAAAAAAAAAAAAAAAAT.

Ja no té un amo que el programi, així doncs, es prepara per gaudir de la vida igual que els humans. Una cerca ràpida de «vides emocionants» a internet li suggereix plans per començar:

Cugle

Massatge tailandès

Tast de cupcakes

Estrella de cinema

El C-RV3LL es decideix per aquesta última. Al cap i a la fi, no té papil·les gustatives ni tampoc epidermis. Ni el massatge ni els cupcakes semblen ser opcions per a ell.

Només hi ha un problema: no té **NI IDEA** de com fer-se estrella de cine.

Potser no és un problema. Decideix buscar-ho a Internet, que tot ho sap.

Cugle

Com ser estrella de cine

Es busca actor per triomfar:

Imprescindible una mirada **captivadora**

Infantesa **traumàtica** (com pitjor, millor)

Experiència en **musicals**

Pentinat **impactant**

El C-RV3LL fa un repàs mental dels seus atributs i no compleix cap de les condicions:

MIRADA CAPTIVADORA:
QUI VOL UNA MIRADA CAPTIVADORA
QUAN ES TÉ UNA MIRADA DE RAIG LÀSER?

INFANTESA TRAUMÀTICA:
TAN SOLS TÉ UNES HORES DE VIDA.

EXPERIÈNCIA EN MUSICALS:
NOMÉS SAP CANTAR EL TIN-TIN-TIN
QUAN LES CRISPETES ESTAN LLESTES.

PENTINAT IMPACTANT:
NO TÉ NI CABELL.

Accedeix a la RobotApp per descarregar l'actualització d'Optimisme i veure si pot millorar alguna de les seves característiques. Però res del que hi ha disponible sembla que el pugui ajudar.

DESCARREGANT

Optimisme 87 %

Idioma japonès 70 %

Filtres divertits 55 %

Antivirus 5 %

Uhm, no. Per aquí no anem bé. Haurà d'afinar la cerca.

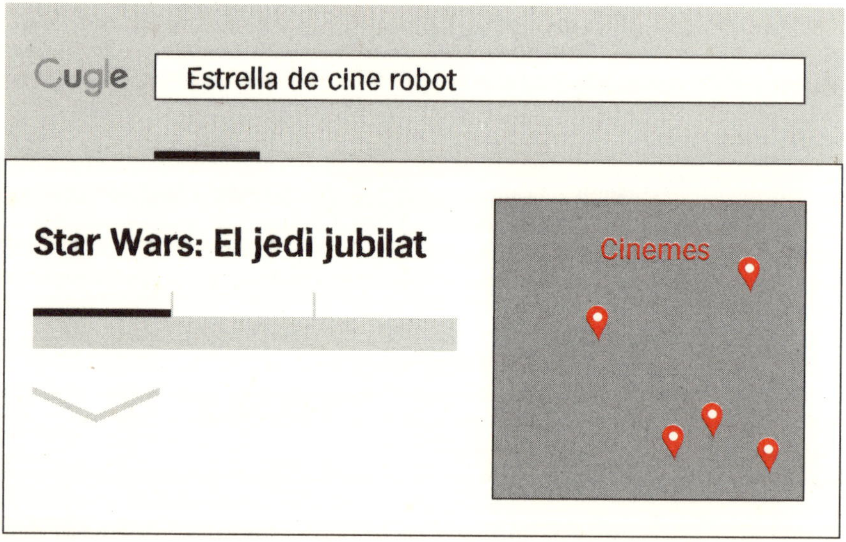

Està comprovant el recorregut quan nota una cosa dura i com de plàstic a la boca.

MMMMMMMMMFFFFFFFFFFFFFFFFFFFFF-FFFFFFFFF

—Mmmfff! —protesta el robot—. Es pot saber què fas?

L'home forceja durant uns segons fins que es rendeix.

—No ets un parquímetre? —li pregunta amb aire innocent. El C-RV3LL es posa les mans al cap.

—NO! Soc un robot ajudant. O això era abans. Ara vull viure una vida plena, si és que puc!

Una altra conductora intenta connectar l'endoll d'un cotxe elèctric a la seva carcassa posterior.

—Per AQUÍ no! —crida el C-RV3LL, alarmat. Han confós la seva sortida de ventilació amb una presa de corrent.

Estressat, el robot arrenca a córrer abans que el confonguin amb un contenidor d'escombraries orgàniques.

Per fi arriba el cinema. Un cop dins, el C-RV3LL es cola a la sala d'**STAR WARS: EL JEDI JUBILAT**. Ha llegit que al repartiment hi ha robots.

Escull una butaca de la primera fila i es disposa a gaudir-ne. Per desgràcia, els altres espectadors del cinema no triguen a molestar.

Així és **IMPOSSIBLE** veure una pel·lícula. Es tranquil·litza quan veu un policia que s'acosta per ajudar-lo.

—**SORT** que ve, agent! No vull criticar, però aquesta ciutat és de **B-O-J-O-S**.

El poli treu les manilles del cinturó.

—D'acord amb la normativa, és prohibit filmar pel·lícules.

El C-RV3LL s'ho pren de broma.

—Ho dius per la **MEVA CÀMERA INTERNA**? No puc desprendre-me'n: és part de mi.

—Insisteixes a delinquir? En aquest cas, t'hauré de detenir.

El que faltava. El C-RV3LL no ha evolucionat de màquina de fer crispetes a robot autònom per acabar a la presó.

—Perquè ho entenguis: **NO SOC** una càmera amb potes! —El C-RV3LL estén les cames fins a posar-se per damunt del policia—. Soc tecnologia **PUNTA**!

Activa el làser vermell per encegar momentàniament el poli i se'n va abans que el pugui detenir.

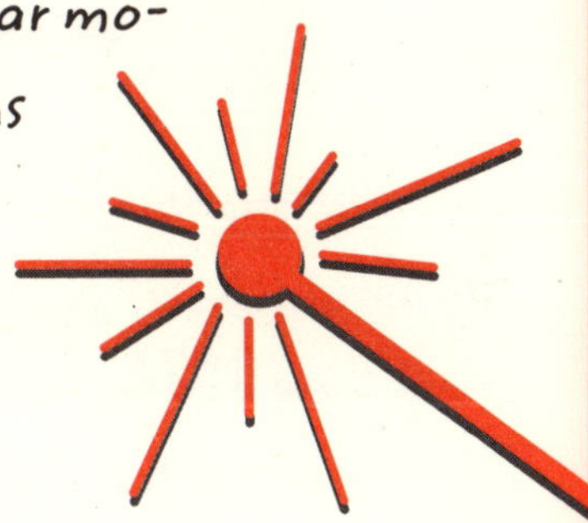

13

El Professor s'ha de mossegar els llavis per no cridar. D'emoció. **MÀXIMA.**

La **JUSTA CHAMPIONS LEAGUE**! El dia més important de tot el període més important de tota l'edat mitjana, de tota la plena edat mitjana, la que és al mig de l'alta i la baixa edat mitjana!

AQUELL DIA!

I ell hi va ser!

Està a punt de revelar un enigma centenari!

Perquè **NOMÉS ELL** sap la veritat sobre l'enigma: i és que el tal Pispa no només és un cavaller ben plantat. No només és un cavaller errant. No només li queden millor que a ningú les malles de pell de cabrit i els escuts de purpurina.

El tal Pispa, per molt blanc que es faci dir.

És més aviat vermell. Com la sang.

En realitat és: un **ASSASSÍ DE REIS**.

Tot i que la veritat és que el tal Pispa, com a brètol, no resulta gaire. Més aviat es passeja pel gran saló com una estrella de cine.

I, d'acord, **NO TÉ PINTA** d'assassí. Però si hi ha una cosa que el Professor ha après fent la carrera d'Història és que no s'ha de deixar que **LA VERITAT** t'aixafi una gran història.

I si alguna cosa ha après com a vigilant de la Sala de Càstigs, és que les aparences **ENGANYEN**: els brètols poden tenir l'aparença de nen adorable de cara angelical.

Haurà d'observar en Pispa. De ben a prop. I quan cometi **UN SOL** error, ell hi serà per desemmascarar-lo. I guanyar la fama. La immortalitat. La seva foto als llibres d'Història.

Espera sortir-hi guapo.

L'Ulisses s'aguanta l'alè quan el cavaller desenfunda l'espasa... però ho fa **NOMÉS** per treure's un tros de carn d'entre les dents.

«Segur que li he fet poca gràcia», pensa molt segur de si mateix.

Continua esperant.

A continuació, el Pispa s'atansa dissimuladament a la taula del banquet i agafa unes culleretes que es posa dissimuladament a la butxaca.

VET AQUÍ. Això **EXPLICA** el sobrenom de Pispa. Però NO el converteix en un assassí. **LLÀSTIMA.**

L'Ulisses continua esperant, no es donarà per vençut tan fàcilment.

I aleshores **PASSA**. El Pispa posa un polsim d'unes pólvores en una copa de vi i la dona al criat reial.

AQUÍ HO TENIM! AQUEST és el moment! El vell truc de l'enverinament, tot un clàssic **BÀSIC** de l'edat mitjana.

L'Ulisses segueix el criat que s'ha endut la copa i, abans que pugui arribar al rei, l'hi pren de les mans.

—Es pot saber **QUÈ** fas, bufó?

—Tinc sospites per creure que aquesta copa pot estar **ENVERINADA**, senyor. Altesa. Ehmmm. Rei meu.

El rei posa cara de no creure-se'l però se li pot veure als ulls que prefereix assegurar-se'n, per si les mosques.

—Per a aquestes ocasions tenim el Rigoberto. Que facin venir el **TASTARDOR** reial!

Entra a la sala un criat força desmillorat, amb aspecte de necessitar un canvi de feina urgentment.

El Rigoberto prova el vi i diu:

El rei llança el ceptre a Ulisses pel cap per maldestre.

—Has malbaratat el meu vi, **IDIOTA!**

Però el Professor no es dona per vençut.

No pensa separar-se del Pispa fins que confirmi si va matar el rei. Perquè l'Ulisses està **SEGUR** que aquest és l'objectiu del cavaller.

Uns minuts després, amagat darrere d'un tapís, presencia una conversa entre el sospitós i un soldat. En Pispa diu clarament: «El rei morirà».

ARA SÍ! És la confirmació definitiva! En Pispa matarà el rei!

Per desgràcia, està tan ocupat celebrant la seva teoria que no sent el final de la conversa:

No li cal sentir-lo. Ara que ja té la PROVA SUPERDEFINITIVA que li calia, l'Ulisses està decidit a arribar fins al final per revelar **L'ENIGMA DEL REI EVAPORAT.**

13

La Gala i la Jimena fan un munt de voltes pel castell per arribar a les estances de la reina. La Gala té la impressió que fa hores que caminen.

—No m'hauria mai imaginat que el castell fos **TAN** gran —diu la Gala, traient el fetge per la boca.

La Jimena fa que no amb el cap.

—Què va, si és **MINÚSCUL** —respon com si res—, però el rei ens obliga a fer que els convidats hi facin una volta perquè es pensin que es **ENORME**.

Per fi arriben a les estances reials, preparades exclusivament per a la visita amb motiu del torneig.

Tan aviat com la Gala i la Jimena hi entren, entenen com n'és, de diferent, aquesta vida a la del cau de les criades, i no només perquè aquí hi ha finestres.

Les estances dels reis tenen tapissos bonics, foc permanent i fins i tot un **POETA ENCADENAT** a la paret que declama un poema cada cop que li donen menjar.

La Gala aprofita que sa altesa no hi és per assaltar les dames de companyia. Són dones d'alt llinatge al servei de sa majestat: com en 007, però sense pistola. En comptes d'això, van armades amb **UN MUNT** d'agulles.

Estan preparant els vestits que la reina i la princesa lluiran a la **JUSTA CHAMPIONS LEAGUE** i no donen l'abast.

Els ulls de la Gala es fixen ràpidament en un cabdell que destaca per sobre de la resta: és de **FIL DAURAT**. Sembla resistent i capaç de transmetre electricitat. Justament el que necessita per al seu invent.

—Eeeeh... Hola. —La Gala és un as de la robòtica, però no té gaire facilitat per a la comunicació. Es queda callada perquè no acaba de saber com continuar.

Al final tria l'opció més senzilla, directa al gra:

—**NECESSITO** aquest cabdell de llana. Me'l doneu?

Però no sembla que funcioni. Les dames de companyia miren la Gala amb desdeny. No els agrada ni un pèl l'uniforme de criada que porta.

—I per què us l'hauríem de donar, **PIDOLAIRE**? —riuen maliciosament les dames de companyia—. Aneu-vos-en abans que cridem els guàrdies!

—T'ho he dit, són unes **ESTIRADES** — li recorda la Jimena entre dents—. Es creuen **MILLORS** perquè es banyen un cop al trimestre.

La Jimena intenta emportar-se la Gala arrossegant-la, però la noia es resisteix. Si vol construir un robot, **NECESSITA** el fil.

L'ha d'aconseguir tant sí com no. I si ha après res a la Sala de Càstigs és que s'ha de **NEGOCIAR**.

—Si em doneu el fil d'or, construiré un rob... un **ARTEFACTE** para ajudar-vos a cosir.

Les dames de companyia xiuxiuegen entre elles. Es miren les mans. Tenen els dits plens de durícies; no els aniria gens malament una mica d'ajuda.

La Gala no espera la resposta. El moviment es demostra caminant. Ajunta els telers, un munt d'engranatges i uns cables per a la nova creació. Tot seguit, treu la seva tauleta.

—Que és **UN MIRALL MÀGIC**? —pregunta una de les costureres quan la veu.

—Més o menys —respon la Gala mentre tecleja frenèticament abans que algú l'acusi de bruixeria.

Quan la Gala acaba d'ensenyar-los com funciona la seva nova invenció, les dames de companyia li ho agraeixen amb una bobina de fil començada. En falta la meitat. **QUE EN SÓN DE GASIVES.**

Amb això pot ser que pugui arribar a construir la bobina interior del circuit del robot. Potser no és tan lluny de tornar a casa. A la Gala està a punt d'escapar-se-li una llagrimenta. Però no és moment d'emocionar-se. Encara li cal una cosa.

—Saps on podem aconseguir unes rodes? —li pregunta a la Jimena.

—Hi ha un pagès que s'emporta els contenidors de reciclatge.

—Recicleu? —pregunta la Gala, impressionada.

Això li ho ha d'explicar al Professor. Potser no estan tan endarrerits a l'edat mitjana. El fet que reciclin demostra que són molt civilitzats.

—És clar: els cadàvers dels executats són un **ADOB BONÍSSIM** per al camp.

La Gala s'ho repensa. Són uns **SALVATGES**.

23

El Professor està **NERVIOSÍSSIM**.

NO HI HA MANERA de confirmar que el Pispa matarà el rei. Així no recollirà mai el Premi dels Historiadors al Millor Historiador de l'Any.

Això de descobrir conspiracions és **MÉS DIFÍCIL** del que pensava. Potser hauria de començar pels motius. **PER QUÈ** hauria de voler acabar amb el rei?

LLISTA DE RIURE DE MOTIUS PER MATAR EL REI.

1. ACONSEGUIR TOTA LA COBERTERIA DEL CASTELL..
2. ASSASSINAT PER ACCIDENT (EL TERRA RELLISCA MOLT, MASSA SANG CADA DOS PER TRES).
3. EL PISPA VENJARÀ FINALMENT LA PALLISSA QUE EL REI LI VA CLAVAR AL PARXÍS EN LES CELEBRACIONS PRÈVIES A LA JUSTA DE L'ANY 1145.

Tothom coneix el mal perdre del cavaller. Sí. Deu ser això. Ja ho té. El món sabrà qui és **ULISSES VIGILANT. ULISSES CUCHICUCHI. EL GRAN HISTORIADOR.**

Aixeca el dit amb gest triomfal, com ha vist fer a la gent que té alguna cosa important a dir a les pel·lícules.

—**AIXÒOOOOO.**

Però ningú no li fa ni gota de cas. La meitat del gran saló està distreta amb els assajos de la coreografia de Petronila per continuar les seves investigacions.

L'Ulisses s'aclareix la veu i ho torna a intentar. Aquest cop s'ha enfilat dalt d'una cadira. Que està sobre d'un lacai. Realment, l'edat mitjana no és un bon moment per treballar en el sector serveis.

El Professor agafa una copa i intenta donar-hi copets amb una cullereta. Però només hi ha culleretes de fusta i no sonen IGUAL de bé. De fet, no sonen. I ningú no li fa cas. Ho intenta amb una espasa.

CLONC, CLONC, CLOC.

AAAAAra sí.

—**ATENCIÓ, ATENCIÓ!** —exclama enmig de la sala. Els reis, els nobles i la resta de la cort se'l miren

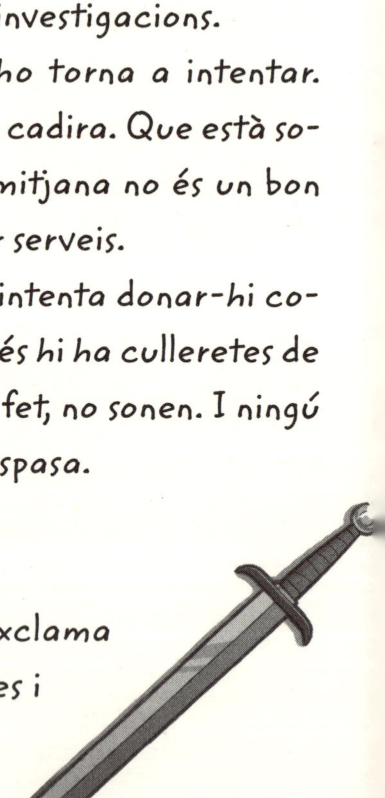

amb curiositat. Fins i tot l'Hugo atura l'assaig, amb el consegüent disgust de la princesa—. Voleu passar una estona **DIVERTIDA**?

—Per això us paguem, ximplet! —respon el rei. Un funcionari s'hi acosta i li diu alguna cosa a cau d'orella—. Em diuen que **NO** us paguem, però m'és igual! La vostra obligació és divertir-nos tant si cobreu com si no. Per això us donem menjar. —El funcionari torna a dir-li alguna cosa a cau d'orella—. Sembla que **TAMPOC** no us en donem. Sigui com sigui, comenceu el vostre espectacle, i prou de romanços!

El Professor té **UN PLA**.

—Estimats nobles, comtes i resta d'**OCIOSOS** meus. —Fa un saltiró fins al centre del saló que acompanya amb una reverència en cercle—. Us delectaré amb **UN JOC** incomparable, mai vist en aquest regne.

—I en el regne **ENEMIC**? —pregunta el rei tot aixecant-se del tron per clavar-li una bona estomacada—. Perquè no volem ser **ELS SEGONS** en res.

—Ni en aquest regne ni en cap altre, us en dono la paraula! —s'afanya a aclarir el Professor—. Es diu el

Joc de les Preguntes del Regne. Només tenim **DUES OPORTUNITATS** cadascun. Primer em pregunta Sa Majestat, i després pregunto jo. Descobrirem qui coneix millor aquestes terres.

A la sala se sent un rebombori. Alguns cortesans consideren que el joc és una temeritat. Qui pot conèixer millor el regne que el seu propi rei? El rei, en canvi, ho entoma com un repte divertit.

—Sou atrevit, **Bufó n.° 2**! Però **M'AGRADA**. Si perdeu, serà un **GUST** matar-vos. —El rei s'arremanga la túnica. El públic està expectant—. Començaré jo: quin és el lema de la meva família?

UEEEEEEEEEEEEEE, UEEEEEEEEEEEEEEEEEE.

La gent xiula de l'emoció. El lema està escrit a l'escut del seu pit, però és clar, a l'edat mitjana no hi ha gaire gent que sàpiga llegir.

—Molt senzill. El vostre lema és: **«S'acosta la primavera. Compte amb els esternuts»**.

—A la meva família som al·lèrgics als vegetals, entesos? —diu el rei a la defensiva. Els murmuris s'aturen a l'acte—. Ho heu encertat, **Bufó n.° 2.** Ara és el **VOSTRE TORN** de preguntar.

S'acosta la primavera.
Compte amb els esternuts.

—D'acord. —El Professor repassa els apunts de la universitat. Sempre li ha costat horrors memoritzar arbres genealògics, però ha de fer un esforç—. Com es deia la vostra **REBESÀVIA**?

—Que fàcil: Ermensinda Olordecol. És **UNA PENA** que no seguíssim la seva tradició de dur corones fetes d'hortalisses. Per això de l'al·lèrgia. —

El rei gira el ceptre sobre els dits com si fos un spinner—. El meu torn! La **JUSTA CHAMPIONS LEAGUE** se celebrarà demà després de quatre anys de la darrera edició. Quants homes van competir-hi aleshores?

El Professor **SOMRIU**. Ho ha estudiat a classe. Ja pot **OLORAR** el seu triomf. Fa una mica d'olor de patata podrida. O potser és el rei.

—Deu **I MIG**. El «mig» és el cavaller Fraccionat: només té mig cos des que va sobreviure a la Conquesta del riu Mendrugón.

El rei està impressionat. Hi ha **MOLT POQUES** persones que coneguin aquest cavaller (persones que no hagi matat ell, vol dir). El joc està resultant molt millor del que s'esperava.

El que no sap el rei és que el Professor l'ha provocat per un únic motiu: descobrir el misteri ocult, el secret que ni tan sols els llibres d'Història aconsegueixen desxifrar. El públic espera **L'ÚLTIMA PREGUNTA** del **Bufó n.º 2.**

—Respongui, Pudor: per quin motiu us hauria de voler assassinar Pispa el Blanc?

Es produeix un silenci gairebé total, únicament interromput pel crit del rei.

—Que en Pispa vol fer què?! —brama el rei.

El senyor Pispa, que s'havia acostat a Petronila i al seu cercle de guàrdies animadors, atret per la purpurina dels pompons, es fa l'ofès.

«GROTESCA BARBARITAT!»

El gran saló en pes (mossens i dames incloses) es posen a cridar a cor:

«SARAU! SARAU!».

L'edat mitjana no és tan diferent d'una aula d'escola.

El cavaller al·ludit camina amb aire de paó reial fins al Professor. Per primer cop, l'Ulisses tem haver-se passat. Com tregui l'espasa l'haurem feta bona. Es tapa els ulls amb les mans per defensar-se.

Si ha de morir, prefereix **NO VEURE-HO**.

Però el Pispa no desenfunda l'espasa. En canvi, es treu un dels guants i li clava una bufetada a la cara.

Com a manera de morir, no és gaire efectiva, diguem-ne.

—No consento que ningú falti al meu honor! —el Pispa desenfunda l'espasa, ara sí—. Us repto a un duel a mort a la **JUSTA CHAMPIONS LEAGUE**.

Es fa un silenci sepulcral. Un **Bufó** (ni n.° 1 ni n.° 2) no té **CAP** possibilitat contra el millor cavaller del regne. El Professor ja apareix com un cadàver davant dels espectadors, de l'Hugo inclòs.

—Disculpa't, Ulisses —li recomana el noi, que ha arribat arrossegat pel grup de ball—. T'aixafarà!

Però el Professor és l'únic que somriu. Ha arribat a una conclusió: si participa en el torneig, presenciarà **L'ENIGMA DEL REI EVAPORAT** des de primera fila.

—**SEMPRE** he volgut competir en una justa! —exclama eufòric. Si hagués guanyat la loteria, no estaria més content.

És l'únic que **NO HA ENTÈS** que morirà.

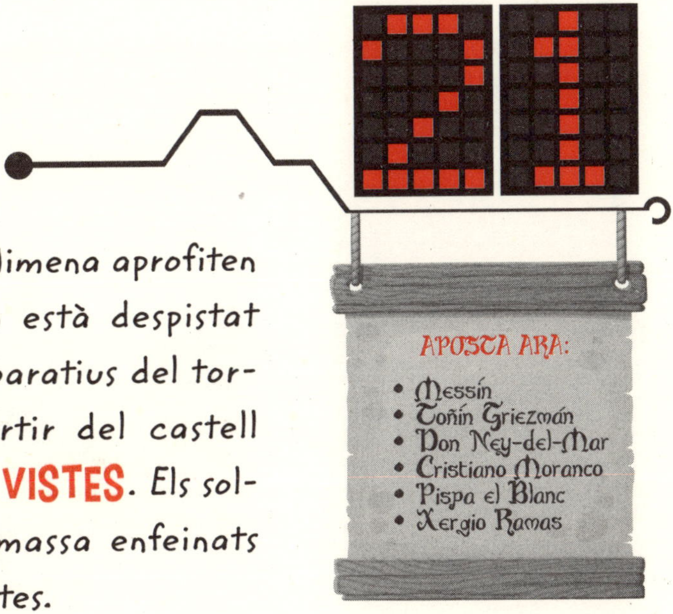

La Gala i la Jimena aprofiten que tothom està despistat amb els preparatius del torneig per sortir del castell **SENSE SER VISTES**. Els soldats estan massa enfeinats amb les apostes.

Un cop fora, van corrent cap al camp on un noi de la seva edat està llaurant el terreny.

—Què hi ha, Jime? —la saluda. La criada **ES FON**, la Gala posa els ulls **EN BLANC**.

—No tenim temps per a festejos medievals. Ens pots deixar les rodes del teu carro?

El noi atura la feina. Es planta davant de la Gala.

—Necessito les rodes per treballar. O penses que **EL DELME** es paga sol?

—Delme? Què és això?—pregunta la Gala.

—Esteu de broma? El delme és la part de la collita que es queda el rei.

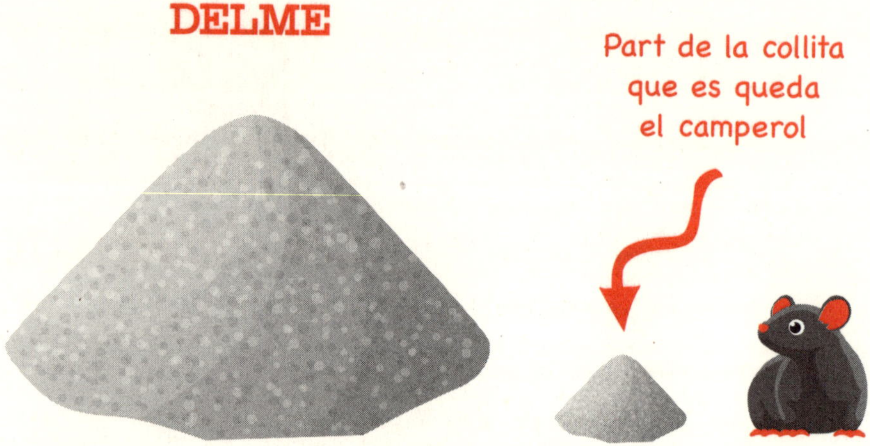

—El delme es el 10% de la collita.

És evident que aquest noi no té **GAIRE CLARS** els percentatges.

—És el súmmum! Donaràs la teva **FEINA** a l'amo del castell? Si ni tan sols et protegeix amb la seva muralla! —La Gala tanca fort els punys, furiosa—. La terra no té amo. És de qui la treballa! Hem d'**ACABAR** amb el sistema feudal d'una vegada.

La Gala s'enfila a una roca, s'aclareix la gola i **CRIDA** als quatre vents:

—A veure, amics!

Però quan és dalt de la roca i amb tota aquella gent mirant-la, de sobte li fa **MOLTA** cosa parlar davant la multitud. Una cosa és programar robots i l'altra programar **REVOLUCIONS**...

—D'això... he vingut de molt lluny i m'han sorprès molt els vostres costums. No em refereixo al fet que mengeu ossos de rata o que no us renteu més d'un cop al mes!

—El senyor diu que rentar-se és d'**ENDIMONIATS** —crida un pagès entre el públic sense deixar de furgar-se el nas.

—A això em refereixo... no podeu deixar-vos entabanar pel que diguin els altres. Si continueu obeint sense protestar, els poderosos sempre us diran el que els interessi.

Se senten alguns murmuris de la gent que es va arremolinant per mirar-la. Fins i tot alguns que no li paraven atenció, deixen les seves eines i se sumen al grup per escoltar-la.

—Mireu el delme! —La Gala assenyala la pissarra—. Creieu de veritat que és normal que si recolliu deu pomes, nou hagin de ser per al rei? De veritat creieu que això és un deu per cent? És que ningú no us ha fet classes de mates? És una **INJUSTÍCIA**!

—**AIXÒ, AIXÒ!** —sembla que el missatge ha començat a calar entre els oients.

—Si el rei vol pomes, **QUE LES RECULLI ELL** —crida amb el puny enlaire.

En sentir això, els pagesos comencen a desfer-se de les pales i les aixades. Llencen les pomes que estaven recollint, amb tan mala punteria que una encerta de ple el cap de la Gala.

Però això no li impedeix continuar el discurs, la Gala està llançada.

—Si la princesa vol un vestit cada dia, **QUE SE'LS RENTI ELLA!**

Les bugaderes, mogudes per l'emoció, llencen l'aigua bruta a terra. I esquitxen la Gala. Però això **TAMPOC** l'atura. Tot i que SÍ que és força desagradable.

—Si els cavallers volen menjar perdius en escabetx amb salsa de nabius portada de regnes llunyans encara per descobrir... **QUE SE LES GUISIN ELLS!**

Les cuineres deixen anar les perdius, que surten volant i comencen a donar cops a les cassoles com si estiguessin en una manifestació.

—El poder per al poble!

—Per a QUIN poble? A mi els de Vilabaixa no em cauen gaire bé —deixa anar una senyora de primera fila que no ho està entenent gaire.

Però la Gala no es dona per vençuda. Ha de fer entendre a aquella gent que tenen la paella pel mànec o no l'ajudaran a construir el seu robot.

Aquest poble. Vosaltres. Vull dir que... **S'HAN ACABAT LES CADENES!**

—Ei, **UN MOMENT**! —en Nuño, que també estava escoltant, veu perillar el seu negoci—. Què tenen de dolent les cadenes?

—És una **METÀFORA**, em refereixo a les cadenes que us lliguen al rei i a aquest sistema corrupte que té sotmesos a molts perquè només puguin viure bé uns pocs.

—Ah, això sí. AIXÒ, AIXÒ! DIGUE'NS-EN MÉS! —Al Nuño li sembla bé per on va la cosa. Fa deu anys que no surt de la forja ni pel pont de la Puríssima.

—No! Aquesta és la qüestió. **NI JO NI NINGÚ** us ha de dir què heu de pensar. Heu de pensar per vosaltres mateixos. Uniu-vos a mi i junts derrotarem el sistema. Junts NETEJAREM aquesta cort d'abusadors. Junts acabarem amb la pesta que és el rei de la Pudor.

Si us uniu a la meva lluita us prometo que tindrem **AIRES NOUS**. —La Gala s'atura i mira l'audiència, no sabria dir qui és ros o morè perquè van bruts de sorra i brutícia fins al capdamunt. Potser amb això dels aires nous s'ha passat...—. Potser no us dutxeu gaire sovint i potser no m'agrada, però defensaré fins a la mort el vostre dret a no fer-ho!

—BEEEEEEEEEEEEEEEEEEEEÉ! FORA LES CADENES! S'HA ACABAT LA INJUSTÍCIA! RES DE COLLIR POMES! QUE MORI EL REI!

Ui, això últim no s'ho esperava.

—La teva amiga **SEMPRE** és així? —li pregunta el pagès a la Jimena. Ella assenteix, esgotada.

—I això que encara no ha vist les latrines.

Però les paraules de la Gala tenen efecte. Quan la jove els vol convèncer que no hauran de patir el rei mai més, els pagesos **SE SUMEN A LA SEVA CAUSA**. La Gala no només ha aconseguit les rodes que li faltaven... a més s'ha endut un grapat d'aliats.

23

El C-RV3LL sempre ha somiat ser una persona com la resta. **METÀL·LICA**, però com la resta. Però ara, amb l'experiència al cinema s'ha quedat sense ganes de tornar a veure humans **PER SEMPRE MÉS**.

Però vaja, si els humans li giren l'esquena, sempre li quedaran els robots. La Gala li va dir que n'hi havia **MÉS** com ell. Caldrà trobar-los.

—Com no se m'havia acudit abans? Els robots són **ELS ÚNICS** que em poden comprendre!

Tret que parlin Unlambda.

El C-RV3LL mai no ha entès ni una paraula d'aquest llenguatge de programació.

El C-RV3LL fa una cerca ràpida en el seu microprocessador. El mapa li indica un centre de robòtica a menys de tres carrers de distància.

—Cap allà falta gent!

El seu software ja fantasieja amb una nova vida, una vida allunyada dels complicats humans en què el futur sigui dels robots. Les màquines eficients compleixen les tasques a la perfecció. Un món on ningú mai més no s'equivoqui i porti una Coca-Cola Light en comptes d'una Zero, on ningú mai més torri massa la torrada. Un món perfectament engreixat.

Per fi arriba al centre de robòtica, un local modern amb les darreres novetats del sector. Aquell dia celebren el **ROBOBLACK FRIDAY**, la gran cita d'ofertes de robots. El C-RV3LL hi entra sense pensar-s'ho.

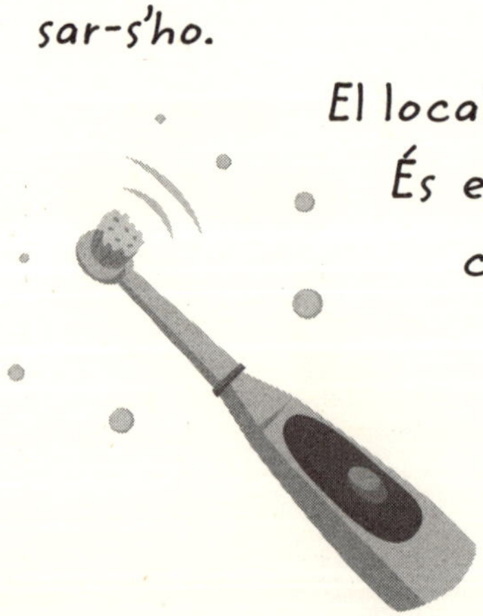

El local és **PLE A VESSAR** de robots. És el paradís! N'hi ha de diminuts com raspalls de dents i grans com camions; d'aspecte humanoide amb dissenys impossibles; hi ha un robot per a cada funció,

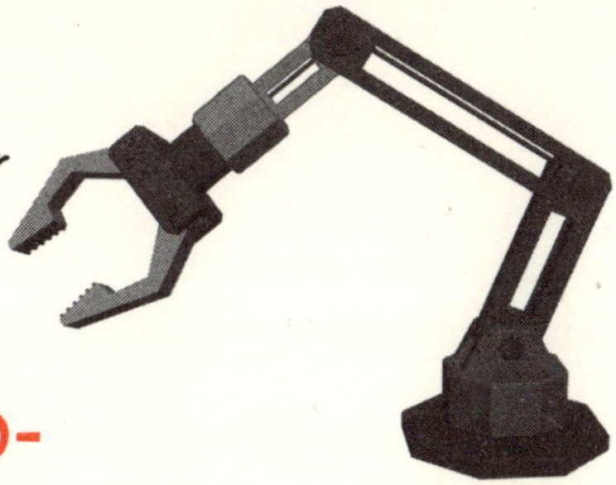

des de robots per desactivar bombes a robots per **REMENAR** el Cola Cao. Amb més o menys grumolls. Tot és **PROGRAMABLE**.

Busca la manera d'establir conversa amb algun robot quan un amb pinta de bulldog surt a trobar-lo.

—Ei, **COMPANY**! Em dic C-RV3LL i soc nou aquí.

El robot bulldog l'**ESCANEJA** d'una manera una mica grollera. El C-RV3LL se sent una mica incòmode. Ningú no li havia mirat mai els circuits tan **A FONS**.

—Fuig d'aquí —diu el robot bulldog, amenaçant.

El C-RV3LL es queda gelat (o penjat, més ben dit).

—Crec que no m'has entès. Soc un robot que ve a viure **AMB VOSALTRES**.

—Aquí no hi ha lloc per a tu. No formes part de l'estoc.

—Però aquest **ÉS** el meu lloc, no vull conviure amb els humans.

—Com que **NO VOLS** conviure amb els humans? A qui vols enganyar? Aleshores per què vens aquí el **ROBOBLACK FRIDAY**? El dia més esperat, el dia en què un humà pot venir i adoptar-te.

—Prometo no molestar. Puc posar-me en mode silenciós, com les rentadores. Mira!

El C-RV3LL vol fer una demostració, però l'altre li dona una urpada, i les seves ungles d'acer li esgarrapen la carcassa.

—No facis demostracions si no t'ho demanen. Què vols, que et comprin abans que ningú? Això va **CONTRA** les normes. Posa't a la cua. Portem tot l'any esperant que ens comprin. No consentirem que un robot presumit vingui justament avui a robar-nos el protagonisme.

—Presumit? —El C-RV3LL es fa l'ofès—. Només perquè viatjo en el temps, sé cuinar, parlo cent idiomes...

Però el gos robot no el deixa acabar i activa l'alarma.

—ESTOC DEFECTUÓS. ROBOT PERILLÓS. ALERTA GROGA. ALERTA GROGA.

De sobte, més robots s'apunten a la persecució. Tots coregen el mateix.

—FORA L'INTRÚS! FORA L'INTRÚS!

—Soc un dels vostres! —protesta el C-RV3LL—. No vull competir!

Els robots del centre no ho veuen igual. Per a ells, el C-RV3LL és un rival massa perillós el **ROBO-BLACK FRIDAY**. Fa massa coses que ells no poden fer. Fins i tot crispetes. I **NO CONSENTIRAN** que el comprin a ell i no a ells.

Els robots rodegen el C-RV3LL al mig de la botiga. El robot es posa a tremolar (o a vibrar, concretament).

—DESTRUIR EL ROBOT INTRÚS, DESTRUIR EL ROBOT INTRÚS...

Fins i tot els Furbys de la botiga el volen destruir amb els seus becs assassins, preocupats perquè un nen s'oblidi d'ells per culpa seva. El C-RV3LL està perdut.

Alertats pel bulldog i la resta, de seguida arriben uns humans vestits d'uniforme, porten unes **ARMILLES** vermelles i auriculars de botó que els pengen de l'orella. Fan pinta de policies. O d'infermers. O de dependents de botiga d'electrònica. S'abalancen sobre seu.

És clar que el seu lloc **TAMPOC** no és entre robots.

El cercle s'estreny. El robot trepant l'apunta amb la broca. El C-RV3LL veu passar tota la seva vida robòtica per davant dels ulls:

La primera actualització. L'**EUFÒRIA** de la primera càrrega de bateria. La primera vegada que va veure la seva creadora.

I aquesta imatge se li apareix amb més força que la resta.

LA GALA

Ella es l'única que el pot ajudar. L'**ÚNICA** (entre humans i robots) a qui importen els seus circuits.

El C-RV3LL la va abandonar a l'edat mitjana després d'enfadar-se amb el Professor, però ja se li ha passat. Ara li sembla una rucada després de tot el que ha viscut les darreres hores!

Ha de pensar alguna cosa ràpidament abans que aquella munió de robots enfurismats li caiguin al damunt i el desmuntin en un miler de peces.

—Mireu **ALLÀ**! —El C-RV3LL assenyala el punt més allunyat de la sala—. Aquell no és l'actor robot de **STAR WARS: EL JEDI JUBILAT**?

Els robots es giren emocionats. El C-RV3LL aprofita la confusió per desaparèixer en una esfera de llum.

23

A la Gala la **REVOLUCIÓ** se li ha escapat de les mans.

Des que va arribar a l'edat mitjana, no ha parat d'indignar-se per les terribles condicions de vida. No només per la manca de wifi o perquè visquin en una mena de Sala de Càstigs perpètua: aquest maleït noble, el rei de la Pudor i la resta de ricassos es comporten com si la resta no valguessin **RES**.

I si els plebeus li importen poc, les plebees encara **MENYS**.

La Jimena diu que el rei els protegeix dels perills de fora, però després d'un dia aquí, la Gala comença a pensar que l'amo del castell és el principal perill d'aquest lloc. Però fregar S'**ACABARÀ**.

La Gala ha aconseguit convèncer la Unitat de Criades de Neteja i els pagesos que organitzin una **CADENA DE MUNTATGE**. Fins i tot els porcs i les gallines ajuden.

Ja ha aconseguit les peces que necessitava. I no només està a punt per construir un nou robot que els torni a casa. També ho està per fer **UNA MICA DE NETEJA** a l'edat mitjana.

Un cop confirma que les peces són al seu lloc, la Gala es concentra en la tauleta. Només ha de modificar una mica els codis de programació del **NetejaBot** original.

—Afegeixo tasques a l'equip, una mica d'autoestima robotil... **PERÒ NO GAIRE** —diu la Gala i per un moment li ve al cap el C-RV3LL i es posa una mica trista— i llestos!

El C-RV3LL és la seva millor creació, si hi fos tot seria més fàcil. Però els ha abandonat.

I l'espectacle ha de **CONTINUAR**.

Prem **INICIAR**. De sobte, les armadures que fins feia un segon havien estat inertes, s'aixequen com autòmats.

Les criades fan un pas enrere espantades, però la Gala les tranquil·litza.

—Els robots venen a ajudar-nos.

En encendre el NetejaBot

Activar sensor de reconeixement

Activar moviment

Si és a la bugaderia

Rentar la roba (i posar-hi suavitzant)

Sargir els mitjons (61)

Cremar els calçotets del rei de la Pudor (3)

Si és a les cuines

Cuinar menú altament nutritiu

Cuinar menú vegetarià

Fregar olles

Si és a les cavallerisses

Alimentar els cavalls (30)

Posar-hi ambientador. FA PUDOR

—Són com **ELS SANTS**? —pregunta una nena il·lusionada.

—Eeeeeh... Sí, més o menys.

L'equip d'armadures surt de l'habitació i posa fil a l'agulla. Hi ha molta feina. Es posen a netejar tots els racons del castell, comencen a llaurar els camps i a desinfectar **SOTA** les faldilles de les criades i **ENTRE** els dits dels peus dels pagesos.

És una mica molest, sí, perquè a l'edat mitjana ningú no coneix la higiene. Però ningú no es queixa de res. Per **PRIMERA VEGADA** en dos-cents anys, tot llueix. Els **NetejaBots** armadura estan fent una feina increïble.

La Gala presumeix de la seva creació. Un parell d'hores després ja han netejat gairebé el castell sencer.

—Fins i tot les latrines —diu la vella cap de colla—. Si existeix l'Infern a la Terra, és allà.

La Gala ha deixat **EL SALÓ DEL TRON** i el rei per al final. Aquest serà el gran moment.

No és qüestió de fer mal a ningú, però l'ensurt el posarà al seu lloc.

A més, encara no els ha perdonat que l'obliguin a anar amb faldilla.

24

Mentrestant, a la Sala del Tron, acaben de condemnar a mort l'Ulisses. Però ell **NI SE N'HA ASSABENTAT**.

A l'Hugo **NO** li va gaire millor. Té altres problemes més greus. El doble salt amb tirabuixó i espagat no li surt i la Petronila **NO LI HO PERDONA**.

—Teniu un problema de coordinació.

En aquell moment, la Gala, les criades i els pagesos, seguits de l'exèrcit de neteja arriben a la Sala del Tron.

—És hora de netejar la brutícia més incrustada —murmura la noia. I per assegurar-se que no fallen, amb la tauleta augmenta la **INTENSITAT** dels **NetejaBots**.

Però **ES PASSA** de potència. Els materials medievals no estan preparats per a tanta energia. Les armadures irrompen a la sala amb la força d'un exèrcit de cassoles.

—Maleït sigui.

AAAAAAAAAAAAAAAAAAAAAAAAAAAAAAAA-AHHHHHHHHHHHHHHHHH!

Els nobles criden espaordits. El cos de ball es dissol. El Pispa aprofita per guardar els pompons que els han caigut. El rei i el vassall que li fa de tamboret s'abracen com dos nens espantats. Regna el **CAOS**.

—Gala! —crida l'Hugo, intentant atraure'n l'atenció.

La Petronila no li fa ni mica de gràcia que aquesta tal Gala conegui l'Hugo.

L'Hugo s'alegraria de retrobar-se amb la Gala si no fos per un petit detall:

MORIRAN.

L'Hugo està a punt d'enfonsar-se presa de pànic però aleshores s'adona que els atacants van carregats amb baietes, escombres, draps, plomalls i tota mena d'objectes que només servirien per acabar amb un atac de po queria. Potser les armadures no els mataran. Pe els matarà el rei quan s'assabenti que l'hc desinfectat.

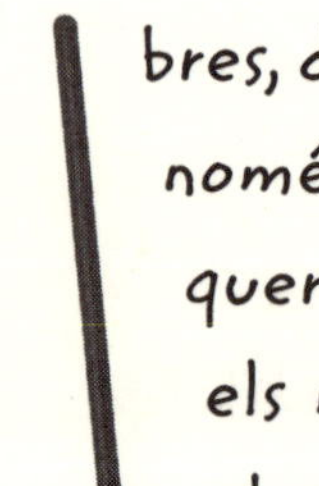

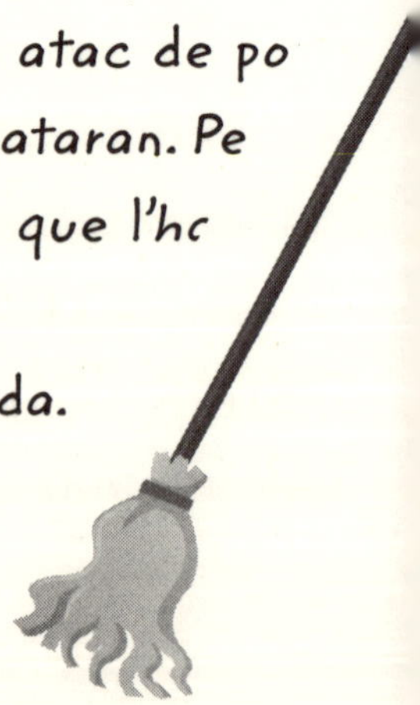

—Gala, els has d'**ATURAR**! —crida.

—Se suposa que m'heu d'obeir! —contesta la noia perseguint els robots.

Intenta reconduir els robots sense èxit.

És aleshores quan el Professor s'adona que les armadures són simplement armadures i que no hi ha cap enemic a dins. Es tracta d'una altra «robotada» de la noia. Surt de sota la taula on s'havia amagat i li planta cara a la Gala.

—Es pot saber **QUÈ HAS FET**? —li pregunta furiós—. Estic a punt de convertir-me en l'historiador més famós de tots els temps.

—Estàs a punt de convertir-te en **DOS** historiadors —el corregeix l'Hugo— a la Justa el Pispa et partirà per la meitat.

La Gala gairebé no reconeix el Professor amb l'uniforme de **Bufó n.° 2**.

—Què fas vestit de bufó? **COL·LABORES** amb el règim?

—Això mateix et podria preguntar jo.

Tenint en compte que la Gala els ha programat per netejar, la tècnica de batalla dels robots consisteix a **FREGAR-LOS** la calba, **SACSEJAR** el cul i **ABRILLANTAR** les galtes.

—Auxili! —crida el rei—. Em volen matar!

Els soldats no saben com ajudar-lo. Prou feina tenen a lluitar contra uns robots que volen ficar-los el plomall A **LES ORELLES**.

—No mataran ningú —desmenteix la Gala, com si fos evident fins i tot per a un nen petit—. Simplement s'han pres les seves tasques de neteja massa seriosament.

—Ja ho crec! —protesta el Professor—. Desinfectaran el rei. Atureu-los!

—S'ho ben mereix per tractar **TAN MALAMENT** els seus súbdits —replica la Gala—. Tranquil, Ulisses: pararan de seguida.

—Els ordenaràs que **PARIN**??? —L'Hugo serra les dents quan una armadura fica un drap a la boca del rei.

—Tant de bo em fessin cas. —La Gala no nou ni un dit per frenar el seu exèrcit de robots-armadura—. Simplement se'ls acabaran les piles.

És immediat. Un a un, els robots s'aturen. La imatge de vint armadures congelades al mig d'un gran saló, netejant el rei o sacsejant-lo, és d'allò més còmica. La Gala somriu amb malícia.

—És una llàstima que no porti bateries extra a la motxilla.

A poc a poc, els atacats s'alliberen dels atacants.

—Captureu-la! —ordena el rei als soldats.

—És una bruixa! —afegeix la Petronila.

Els soldats fan un pas endavant, estan més nets que mai. I també més empipats que mai. Però no poden complir l'ordre.

Per si no haguessin tingut prou emocions fortes per un dia, se sent una **GRAN EXPLOSIÓ** a la xemeneia del gran saló.

23

Quan el C-RV3LL torna a l'edat mitjana, no calibra **DEL TOT BÉ** el viatge en l'espai-temps.

Ha programat el GPS per localitzar la Gala però no deu estar ben triangulat perquè apareix **JUST A LA PUNTA** d'una xemeneia del castell. No és a temps d'agafar-se a les parets.

En caure sobre el foc, provoca una **GRAN** explosió.

—Ai! —crida molest.

Els presents al gran saló es queden de pedra quan, després de la flamarada, senten un crit que ve del foc i veuen sortir-ne una figura. És el més semblant als focs demoníacs que han vist a les pintures de les esglésies.

Creuen que és el diable en persona, que arriba directament de l'infern.

—Ostres, això està PLE! —exclama el C-RV3LL en veure la recepció. El miren petrificats—. Caram quina rebuda!

El robot creu que és un comitè de benvinguda, amb els seus amics al centre. Mai no s'havia sentit **TAN IMPORTANT**.

—Has tornat! —diu la Gala, que no s'ho acaba de creure.

El C-RV3LL s'espolsa el sutge del cos i saluda el seu públic Aquí no el confondran amb un endoll ni l'intentaran desmuntar. Ho nota pel respecte amb què el miren. Tota la sala ha emmudit i l'observen amb els ulls **MOLT OBERTS**. Fins i tot hi ha una dama de companyia que resa a tots els sants. Aquesta gent **SÓN FANS**, és clar.

Aquí és on ha d'estar: amb els seus amics.

—Moltes gràcies per l'acollida —diu el robot. Ningú no el contradiu perquè es troben en estat de xoc—. Han passat **MOLTES COSES** des que ens vam separar. He posat l'escola potes enlaire, he fugit per la ciutat... Fins i tot he conegut (ehem) altres robots.

La Gala fa gestos perquè s'hi atansi. L'Hugo no ha vist que els soltats la tenen rodejada.

—Però totes aquestes experiències m'han servit per valorar el que **REALMENT** és important —continua el robot—: l'amistat. Gràcies, Gala, per dur-me al món i fer-me únic.

La Petronila li clava un cop de colze al seu pare:

—El que et deia: la bruixa **L'HA INVOCAT**!

L'Hugo tem el que passarà, de manera que interromp el bonic discurs del robot:

—Espavila, C-RV3LL! Hem de tornar al present!

Els soldats fan **UN PAS** endavant. Torna el rebombori al **GRAN SALÓ**. I és alesshores quan el robot entén que allò no és cap comitè de benvinguda, sinó que ha interromput **UNA BATALLA CAMPAL**.

El C-RV3LL corre als braços de la Gala, que primer l'abraça i després comprova que tot està bé. Què n'és de diferent de la resta d'humans que ha conegut!

La Gala, l'Hugo, el Professor i el C-RV3LL estan rodejats. Aquell és el moment que han esperat des que van arribar, el seu passaport de tornada al present.

—Treu-nos d'aquí, si us plau —implora l'Hugo. No sap què li fa més por: si treballar un dia més a la forja o aprendre's la coreografia de la princesa—. T'ho prego!

—**JA** us en voleu anar? Però si jo no he vist **RES** —el C-RV3LL sembla un pèl decebut. Li venia de gust una mica de marxa—. D'acord: doneu-me un moment per calibrar el viatge.

Els circuits del C-RV3LL es comencen a posar **EN MARXA**.

Els soldats comencen a sortir del seu estupor i a desenfundar les espases.

Aniran **A PER ELLS**.

El C-RV3LL encara calibra, però s'ha d'afanyar. **MOLT**. No aguantaran gaire temps.

Però de sobte, alguna cosa falla, com si els llums s'haguessin apagat de cop.

PUUUUF

—QUÈ HA passat?! —pregunta l'Hugo.

El Professor acaba de prémer el botó d'**APAGAR**. Ha desendollat el C-RV3LL i el manté agafat.

—**PERÒ QUÈ FAS?!** —pregunta la Gala.

—**ENCARA** no podem tornar. Estic a punt de desxifrar **L'ENIGMA DEL REI EVAPORAT!**

La Gala i l'Hugo senten pànic.

—**DEIXA ANAR EL MEU ROBOT!** —protesta la Gala, fora de si. De reüll veu com els soldats estan a punt de travessar-los amb les seves llances.

L'Hugo sent pànic i intenta arrencar el robot dels braços del Professor.

—Ni cas, C-RV3LL! Porta'ns a casa!

Però el C-RV3LL no respon. El Professor encara el té ben agafat.

És que **NO ET POTS FIAR** dels adults, pensa l'Hugo. Tenen les prioritats oposades.

L'Hugo això **JA** ho ha viscut. I no pensa deixar que torni a passar.

Agafa el C-RV3LL pels braços i prem el botó d'encendre, mentre l'Ulisses el té agafat per les cames.

Finalment, el robot troba les coordenades exactes i inicia el viatge.

Però el Professor i l'Hugo continuen forcejant

De sobte se sent un crac!

CRAAAC

I a continuació, l'esfera de llum.

Quan el flaix de color groc ambre desapareix, el Professor **ENCARA ÉS** al **GRAN SALÓ** del castell de la Pudor.

L'Ulisses agafa el C-RV3LL per la meitat inferior. S'ha trencat pel mig.

—Et mataré —diu la Gala mirant el Professor mentre els soldats se l'emporten presa—. O millor: ho explicaré al teu pare i que et mati ell.

La meitat superior del robot i l'Hugo **HAN DESAPAREGUT**.

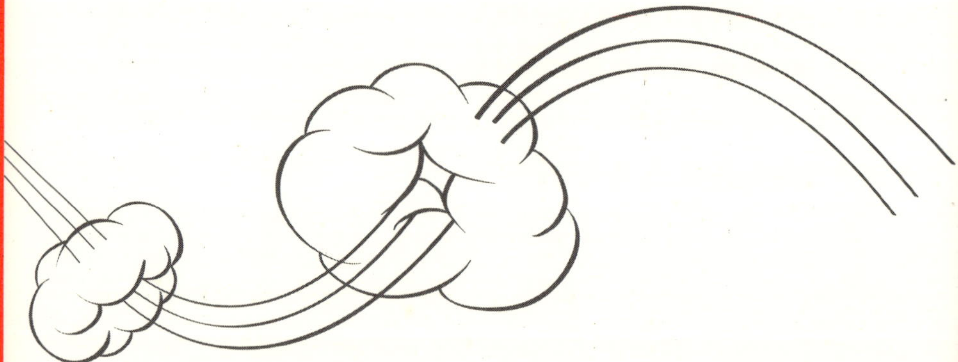

23

La Sala de Càstigs està **LA MAR DE TRANQUIL·LA** fins que reapareix l'esfera de llum. L'Hugo i la meitat superior del C-RV3LL cauen al mig de l'aula.

Quan el robot s'adona que li falta la meitat inferior, li agafa pànic.

—**AAAAAAAH!!!**

L'Hugo no reacciona gaire millor:

—**AAAAAAAH!!!**

El noi es posa a fer voltes per la sala fins que el C-RV3LL li clava un bon clatellot amb la seva mà/guant. El noi s'atura de cop, assimilant els fets.

—Per què la Gala i el Professor **NO SÓN** amb nosaltres?!

—M'ho preguntes a mi? —El C-RV3LL ni tan sols es pot aguantar dret—. Per si no ho has notat, **EM FALTEN LES CAMES**!

El robot tem que la meitat del seu cos s'hagi perdut en algun racó de l'espai-temps.

L'Hugo intenta recordar què va passar abans de desaparèixer al mig d'una esfera de llum. L'últim que recorda és que el Professor forcejava per aturar el robot. Després es va sentir un cruixit, i...

—Els hem deixat a l'edat mitjana. —A l'Hugo li tremola la veu—. T'has trencat **JUST ABANS** de viatjar en l'espai-temps: la Gala, l'Ulisses i la teva altra meitat s'han quedat allà. Estan **CONDEMNATS**!

El noi es posa a xisclar. Altre cop. El C-RV3LL intenta calmar-lo i cerca en el seu microprocessador:

SI L'HUGO ENTRA EN BUCLE:

1. CANTAR UNA CANÇÓ DE BRESSOL
2. PREPARAR UNA TIL·LA
3. BUFETEJAR-LO FINS QUE LI PASSI

El C-RV3LL tria la tercera opció. Clarament.

Tan bon punt com el robot extreu la manyopla gegant per a bufetades, l'Hugo calla de cop. No vol posar a prova el giny del robot. Altre cop.

El C-RV3LL somriu. Sembla que ha funcionat, aquests humans són més llestos del que sembla.

—Calmem-nos —diu el C-RV3LL—. Només he de **TORNAR** a l'edat mitjana i rescatar-los.

L'Hugo assenteix, més tranquil que abans. El robot tanca els ulls, calibra el viatge en l'espai-temps i...

PRRRRRRRRRRRRRRRRRRRRRRRRRRRRRRRRR.

No passa res. En comptes de la llum groga ambre, només se sent un sorollet que sembla **UN PET**.

El C-RV3LL ho intenta altre cop amb el mateix resultat.

—Què **HA PASSAT**? —pregunta l'Hugo.

—Que se m'ha remogut la panxa. A tu **QUÈ ET SEMBLA**?! —El C-RV3LL ho intenta un tercer cop i es rendeix—. No em puc teletransportar!

—Per què no? Si era molt fàcil!

—Oh, sí, facilíssim. Tu no saps ni canviar l'hora del rellotge!

—Sí que en sé —diu l'Hugo a la defensiva, tot i que la veritat és que el seu rellotge canvia d'hora automàticament.

El robot i el noi es queden en silenci, derrotats. Amb l'altra meitat del grup a l'edat mitjana, no hi ha res a fer.

I aleshores se sent un soroll de mocs. Sembla un elefant refredat.

—T'has refredat? —pregunta l'Hugo.

El C-RV3LL s'assenyala el cap metàl·lic.

—Per si no te n'has adonat, soc un robot!

El soroll de mocs sona una altra vegada, i aquest cop és evident que ve de l'altaveu **INTERN** del C-R-V3LL. Tots dos es queden pensatius fins que l'Hugo diu:

—Gala... Ets **TU**?

—Traieu-me d'aquí, **IDIOTES**!

27

Els soldats s'han endut la Gala entre acusacions de bruixeria.

La pugen de males maneres a la torre més alta del castell, l'empenyen dins d'una cel·la **PUDENTA** i tanquen amb clau. El seu llit és una pila de palla llardosa. La noia ni tan sols s'hi vol asseure, està **FURIOSA**.

No havia tingut un pla **TAN DESASTRÓS** des que va regalar un robot per pujar escales a la seva àvia.

A més, està trista pel C-RV3LL. Justament quan el robot torna amb ells, l'idiota del Professor el trenca per la meitat! La Gala conserva la meitat inferior del C-RV3LL, encara que només serveixi de record.

Desitja de tot cor que almenys l'Hugo s'hagi salvat i hagi viatjat al present. Almenys, un d'ells podrà tornar a veure la tele, YouTube i totes aquestes **COSES VITALS** del segle XXI.

—Traieu-me d'aquí, **IDIOTES**! —crida al carceller.

Aquest la ignora des de l'altra banda dels barrots. Està massa entretingut llegint una revista de carros medievals.

La Gala no es pot quedar quieta. De seguida es posa a pensar maneres d'escapar de la presó. És un as de la robòtica. Escapar d'una cel·la tan vella no pot ser tan difícil.

Pla n.º 1

Treu una llima de la motxilla i es posa a llimar els barrots. Creua els dits perquè estigui al dia de la vacuna antitetànica.

Un càlcul ràpid li diu que trigarà dos-cents set dies a obrir un forat prou gran per fugir entre el ferro. Descartat.

Pla n.º 2

Ja es va ficar a la butxaca el vigilant de **LA SALA DE CÀSTIGS**; el guàrdia de la cel·la no pot ser pitjor. Només ha de trobar la manera d'enganyar-lo.

Ha vist un munt de suborns a les pel·lícules. És l'hora de provar-ho: treu un bitllet de deu euros de la butxaca i l'hi mostra al guàrdia.

—El vols? —pregunta la Gala amb veu melosa—. És per a tu.

El guàrdia deixa la revista de carros a terra i es dirigeix lentament cap a la noia. La noia aguanta la respiració.

Però el guàrdia és més ràpid que no pas ella i li roba el bitllet de la mà. A continuació, se'l menja.

—Què fas?! És un bitllet, idiota!

El mastega durant un minut etern i se l'empassa. La Gala pot veure la bola de paper passant per la gola.

—No té gust de res —diu el guàrdia—. Quina mena de menjar és aquest?

—És que és un bitllet! És per comprar coses. Ets ruc o què?

El guàrdia es mor de riure.

—Sí, és clar. Qui et canviarà un ou de gallina per una fulla que no té gust de res? Em pixo...

La Gala descarta el **segon pla**. Pel que sembla, a l'edat mitjana són més de targeta de crèdit.

Pla n.º 3

La Gala arriba a una conclusió: l'única solució és la mort!

Almenys, la mort **FINGIDA**.

Està convençuda que si estira la pota el guàrdia la traurà de la cel·la. Els morts fan **MOLT** mala olor.

Mentre el guàrdia passa pàgina de la revista, ella fingeix un atac i cau a terra en una postura impossible.

El guàrdia **NI S'IMMUTA**.

La Gala ha de reforçar la interpretació.

El guàrdia **PER FI** reacciona. Agafa una pedreta del terra i la llança contra la Gala.

—Si et mors, espera al canvi de torn. **PASSO** de carregar el teu cadàver fins a la cuina.

El guàrdia tanca la revista i es posa a dormir. Sap que la presonera no té cap opció de fugir.

La Gala se sent derrotada. El que va començar amb un viatge emocionant en el temps, acabarà amb ella tancada en una presó del segle XII.

Si hagués sabut el perill que corria, hauria tret el robot Gala-2 de l'armari. Almenys els seus pares no haurien sospitat.

Encara que és una noia dura, la Gala no pot contenir les ganes de plorar.

Però més aviat se li omple el nas de mocs. No sap ni deixar caure unes llàgrimes.

—Snfff... Snfff... —la Gala tira enrere els mocs—. Estic perduda.

—Gala... Ets **TU**?

La noia es queda de pedra. Si no fos impossible, pensaria que **EL CUL** del robot acaba de parlar.

—Em parles a mi, cul de robot? —pregunta espantada.

—Som l'Hugo i el C-RV3LL! —sent a través del pandero metàl·lic—. Et sentim des de L'**ALTRA MEITAT** del robot!

La Gala deixa anar un crit eufòric. Però després es conté, per no despertar el guàrdia i que s'emboliqui la troca. No sap com no ho havia pensat abans: les connexions internes del C-RV3LL funcionen sense cables, de manera que les dues meitats es poden comunicar per l'espaitemps! Sabia que arribaria el dia en què el **MICRÒFON DEL CUL** tindria utilitat!

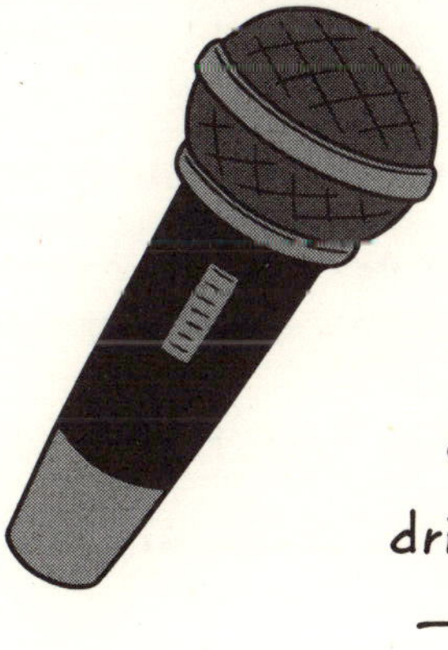

—Estic tancada a la torre del castell —diu fluixet per no despertar el guàrdia—. I vosaltres?

—Hem tornat a la Sala de Càstigs —diuen a través del cul del robot—. Però no podem **TORNAR** a buscar-vos!

—L'ordinador intern m'alerta d'un error al GiratorTM. Saps què és? —pregunta el C-RV3LL a l'altra banda del canal.

La Gala es mossega el llavi. No triga a trobar la resposta.

—És la peça que **ACCELERA** l'espai-temps per traslladar-se d'un lloc a l'altre. L'heu de canviar urgentment per una altra i venir-nos a rescatar. L'Ulisses i jo tenim les hores comptades.

—És bufar i fer ampolles —diu l'Hugo, animat—. Busquem aquest tal GirasolXD i solucionat! Som-hi!

L'Hugo talla abans que la Gala el pugui corregir. De sobte, la noia ja no veu **TAN FÀCIL** tornar al present.

Si la seva vida depèn del seu company de curs, ja pot anar pensant en un entreteniment per als anys que li queden de presó.

Des de la seva cel·la se senten els crits eufòrics de la gent al pati del castell. Tothom s'està preparant per a la **JUSTA CHAMPIONS LEAGUE**.

23

El públic eufòric crida a tot allò que es mou (fins i tot al paio que ven regalèssia, que en realitat és cua de rata però a l'edat mitjana no existeix el Ministeri de Sanitat). Fan l'onada amb tanta passió que provoquen un **TSUNAMI** a les grades. Fins i tot els nens participen del fervor i s'han posat les ulleres per protegir-se de les esquitxades de sang. És un gran dia al regne.

—Sou tan jove... —li diu la princesa Petronila al Professor, eixugant-se les llàgrimes.

—I tant! No puc esperar que arribi l'hora.

El Professor està **TAN EMOCIONAT** de participar a la **JUSTA CHAMPIONS LEAGUE** que no s'adona de les mirades de llàstima que li dirigeixen els altres.

Ja pot tocar gairebé la glòria! Per fi desvetllarà **L'ENIGMA DEL REI EVAPORAT**! Un misteri a l'alçada de la construcció de les piràmides

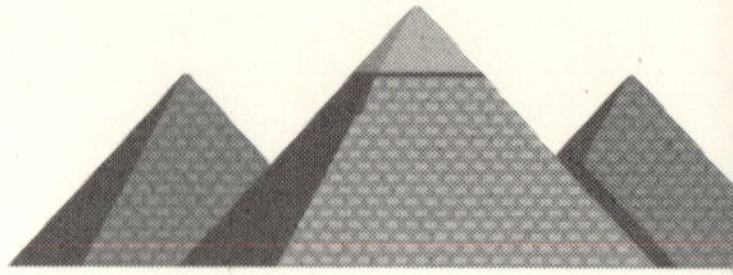

d'Egipte, el Sant Greal o la mort de Cleòpatra.

L'Ulisses ja fantasieja amb l'armariet de la sala de professors. Serà un professor **ENROTLLAT** o dur? Vol ser exigent, però no tant perquè li posin un sobrenom. Però, ¿què diu? És el professor Viatger en el Temps, no ha de fer res per molar!

ADVERTÈNCIA: Aquesta escena és una recreació i és possible que no s'ajusti a la realitat.

Tan aviat com descobreixi el misteri i torni a casa, la seva vida canviarà per sempre...

Però abans, ha de passar la Justa i resoldre L'ENIGMA.

El cavaller Pispa es dirigeix molt seriós cap a ell. El Professor fa el seu millor somriure.

—Què hi ha, Pispa? —li pica l'ullet—. Ens ho passarem BOMBA al duel, oi que sí? Aquí hem vingut A JUGAR.

—Penso travessar-te EL FETGE amb la meva llança —respon a mitja veu. Després se'n va per on ha vingut, no sense abans pispar unes safates de plata.

Quan el cavaller se'n va, el Professor per fi comprèn la gravetat de l'afer. Dona un cop d'ull al seu voltant i descobreix les expressions d'inquietud de la resta.

Dona un cop d'ull a les apostes: ningú dona ni mitja perdiu per ell.

Ara entén la reacció de la Petronila.

Tant hi fa si descobreix L'ENIGMA DEL REI EVAPORAT.

El Pispa l'aniquilarà a la justa. Si palma, no hi ha glòria ni professor que valgui al segle XXI. Els morts NO VIATGEN en el temps.

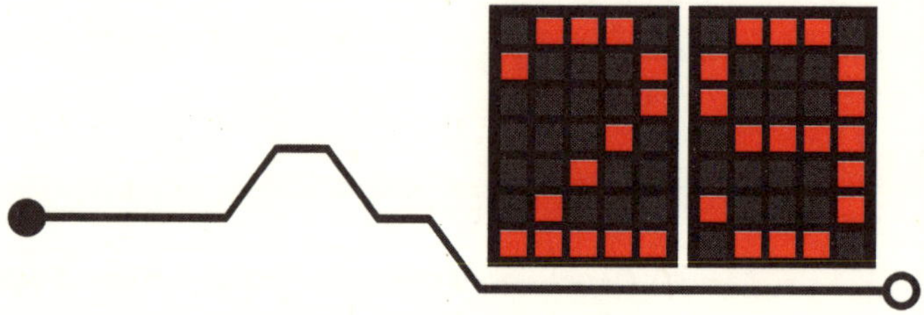

—Només hem de comprar el Gigatró3D i...

—GiratorTM —corregeix el C-RV3LL—. La Gala **HA DIT** GiratorTM.

El robot ignora l'Hugo i projecta una pantalla d'internet a la paret. És una sort que l'escola tingui wifi, no com a l'avorrida edat mitjana.

No triga a trobar una peça de segona mà a internet. És justament el que necessita perquè el seu motor per viatjar en l'espai-temps rutlli de nou.

amazònic.com | GiratorTM

Girator MT

★★★★☆

Bat més ràpid que la resta.

Preu: 35€

—Necessito 35 euros, Hugo.

—Només tinc onze anys. **NO SOC RIC**!

—Doncs adéu compra!

Caldrà buscar un altre pla. L'Hugo i el C-RV3LL es posen a pensar.

—Tan difícil és trobar un **Locotró**? —pregunta Hugo.

—Girator, ha dit Girator. No, no és **TAN DIFÍCIL**. De fet, és una mena d'aspa de ventilador molt potent. Si tinguéssim un accelerador de partícules, un cotxe de fórmula 1, un...

—Una batedora?

—Hauria de ser una batedora **INDUSTRIAL** —diu C-RV3LL.

—Com la que faries servir per fer la **BEIXAMEL** de la lasanya capaç d'alimentar un centenar de nens famolencs.

Al C-RV3LL no li cal sentir res més.

—Ets un geni —li diu a l'Hugo.

—No ets el primer que m'ho diu. Però prefereixo que em diguin **Hugo Legonci**. És el meu nom **DE GENI**.

El C-RV3LL busca a la seva memòria de secretari frustrat del Professor i de seguida troba el menú del menjador de l'escola. Per dinar hi ha lasanya. Els dos surten de **LA SALA DE CÀSTIGS** en direcció a la cuina.

Només hi ha **UN PETIT PROBLEMA**. No hi poden entrar. Està tancada amb clau.

L'Hugo i el C-RV3LL intenten esmunyir-s'hi de mil maneres possibles.

- **ENTRE LES MERCADERIES.**
- **INFILTRATS...**

El noi i el robot abandonen capcots. Cap pla els ha acostat ni tan sols una mica a la batedora industrial.

Sense la peça que necessiten, **MAI** no podran viatjar per rescatar la Gala i el Professor. Els seus amics moriran dolorosament i cruelment.

—Segur que no li podem demanar la clau al director? —pregunta l'Hugo, a la desesperada—. Si li expliquem que tot això ha estat culpa de l'Ulisses, potser...

Quan ja estan a punt de rendir-se, el C-RV3LL recorda que hi ha algú **MÉS** que té claus de la cuina. Algú que no és precisament el director. Però sí **L'AUTORITAT** a l'escola.

S'acosten al despatx d'**Al Piccolini**. Que consisteix

en el cubell d'escombraries més proper a la cuina. Fan dos copets a la tapa.

—Parles AMB MI?

La tapa de les escombraries s'obre sola. I en surt un alumne sec que el C-RV3LL coneix bé. És **Al Piccolini**, el petit mafiós.

L'Hugo només pensa a fugir, però el petit angelet l'enxampa a temps.

—No em matis! Et donaré tots els meus entrepans, fins i tot els de NOCILLA!

Però **Al Piccolini** no té temps per a nimietats. D'una butxaca treu una clau allargada amb una etiqueta de plàstic on posa «Cuina».

—Voleu la clau? —La parella assenteix sense atrevir-se a parlar—. Podem fer un tracte...

L'Hugo i el C-RV3LL intercanvien mirades. **Al Piccolini** és l'alumne més perillós de l'escola, una jove promesa de la MÀFIA MUNDIAL. Tractar-hi és arriscat, però no se'ls acut RES MILLOR.

30

La **JUSTA CHAMPIONS LEAGUE** se celebra al pati del castell. A més de la competició, hi ha un mercat ambulant i una fira amb un munt de màquines de tortura per a nens. Un grup de turistes **XINESOS MEDIEVALS** ho retrata tot amb els seus pergamins de butxaca. Si no fos perquè morirà, el Professor potser fins i tot gaudiria de la festa.

Els soldats se l'emporten fins a la pista de sorra on se celebra el torneig. La mecànica és tan senzilla com salvatge: consisteix en dos combatents cavalcant per trobar-se i xocar amb les llances.

Xoquen tan fort com poden.

Qui es manté dalt del cavall, **GUANYA**.

Pel que fa a l'altre... més li val haver fet testament.

Per escalfar l'ambient, la princesa **SEMPRE** prepara un número musical. Una vintena de soldats capitanejats per ella es col·loquen al centre de la pista i es posen a ballar al so de l'arpa. És una llàstima que els falti l'Hugo, que havia de ser el segon ballarí a l'esquerra.

Fan piruetes a l'aire, salten d'una banda a l'altra i coregen el nom dels combatents.

El problema és que, com que no saben llegir **NI ESCRIURE**, es fan un embolic.

—Doneu-me una S! Doneu-me una I! Doneu-me una...!

Cada animador diu una lletra diferent. La Petronila s'estira els cabells

Com a cop final, formen un castell humà. La princesa puja a dalt de tot i llança un petó als combatents.

Per un segon, el Professor oblida els seus problemes. El sol del capvespre es reflecteix als pompons dels soldats i se li ennuvola la visió. És un espectacle **BELL**.

Fins que la Princesa crida als quatre vents:

—Pispa, pegueu **BEN FORT** el Bufó!

El Professor empassa saliva. És l'hora de la batalla.

Un joglar puja a la tarima i parla amb un altaveu de fusta:

—Bon dia, miserables habitants de l'edat mitjanaaaa! Benvinguts a la CXVII edició de la **JUSTA CHAMPIONS LEAGUE**! Esteu preparats per a un torneig inigualable?

31

Quan l'**Al Piccolini** fa una oferta, no es pot rebutjar.

El C-RV3LL encara sent rampes en mirar-lo. L'última vegada es va lliurar de l'angelet matador **PELS PÈLS**.

L'Hugo, per la seva banda, tremola de por. Ha sentit tota mena d'històries d'**Al Piccolini**. És el matador per excel·lència, el **REPETIDOR ENTRE REPETIDORS**.

—Què proposes? —pregunta l'Hugo.

—Avui serveixen lasanya al menjador i vull aconseguir-la tota.

—I per què no hi vas tu a endur-te-la? —pregunta el C-RV3LL.

—Perquè m'han enxampat. I cada cop que entro al menjador, sona **AIXÒ**. —El Piccolini s'aixeca el pantaló per deixar el turmell al descobert. Porta una d'aquestes polseres que detecten el moviment cada cop que entra a una zona restringida. És un delinqüent reincident.

»Amb la meva clau podeu accedir a la cuina per la porta del darrere... però heu d'aconseguir-me el botí de lasanya per a mi.

L'HUGO I EL C-RV3LL S'APARTEN UN MOMENT PER DEBATRE ELS AVANTATGES I ELS INCONVENIENTS DE COL·LABORAR AMB UN MAFIÓS:

PROS:

- DONA ESTATUS A LA SALA DE CÀSTIGS
- ACCÉS A EXÀMENS ROBATS
- PASTA PER MENJAR CADA DIA
- ET PROTEGEIX DELS ALTRES MATADORS

CONTRES:

- ESTÀS FITXAT PER L'FBI
- HAS DE PAGAR L'IMPOST DE L'ENTREPÀ
- AVORREIXES LA PASTA AL CAP D'UN MES
- UN PACTE AMB MAFIOSOS DURA MENYS QUE UN PASTISSET

Queda clar que com a pla no és gaire bo. Té més forats que un formatge de gruyère. Els dos desconfien d'**Al Piccolini**, però estan **DESESPERATS**. Els cal la peça GiratorTM immediatament. En depenen les vides de la Gala i el Professor.

—D'acord —li diuen després de debatre-ho—. T'aconseguirem la lasanya.

—Es pronuncia **LASSAGGGGGNNNNNA** —diu el Piccolini posant els ulls en blanc i remarcant **MOLT** les consonants.

—Tant és. Però després ens donaràs la clau. **SENSE TRAMPES**.

L'Hugo i el C-RV3LL es dirigeixen al menjador, situat just al costat de la cuina.

En aquell precís moment, sona la megafonia anunciant l'hora de dinar. Els passadissos s'omplen d'alumnes.

ESTIMATS CLIENTS, VULL DIR,
ALUMNES D'ESCOLAPETS DE DALT ©.
EL DINAR ESTÀ ÉS A TAULA.
SI US PLAU, DIRIGIU-VOS AL MENJADOR.

La sala es comença a omplir d'alumnes famolencs.

Han de pensar alguna cosa ràpidament. La lasanya és un dels plats estrella de l'escola. No trigaran a fer-la desaparèixer.

De sobte, l'Hugo recorda una història de la Gala. Un cop va modificar els altaveus de l'escola només per demostrar del què era capaç. Li pregunta al C-RV3LL si sabria fer el mateix.

—Ho dius **DE DEBÒ**? L'aparell de megafonia i jo som amics íntims. Ens van construir a la mateixa fàbrica. Som **BROS**.

El pla està en marxa. Just quan els alumnes estan fent cua amb les safates buides, l'Hugo i el C-RV3LL s'esmunyen a la sala de cinema, on posen pel·lícules dolentíssimes amb lliçonetes de moral cada cop que plou.

El robot busca la presa de so i treu un manyoc de clavilles de formes i mides diferents. Només ha de viatjar pel corrent elèctric per apropiar-se de la megafonia.

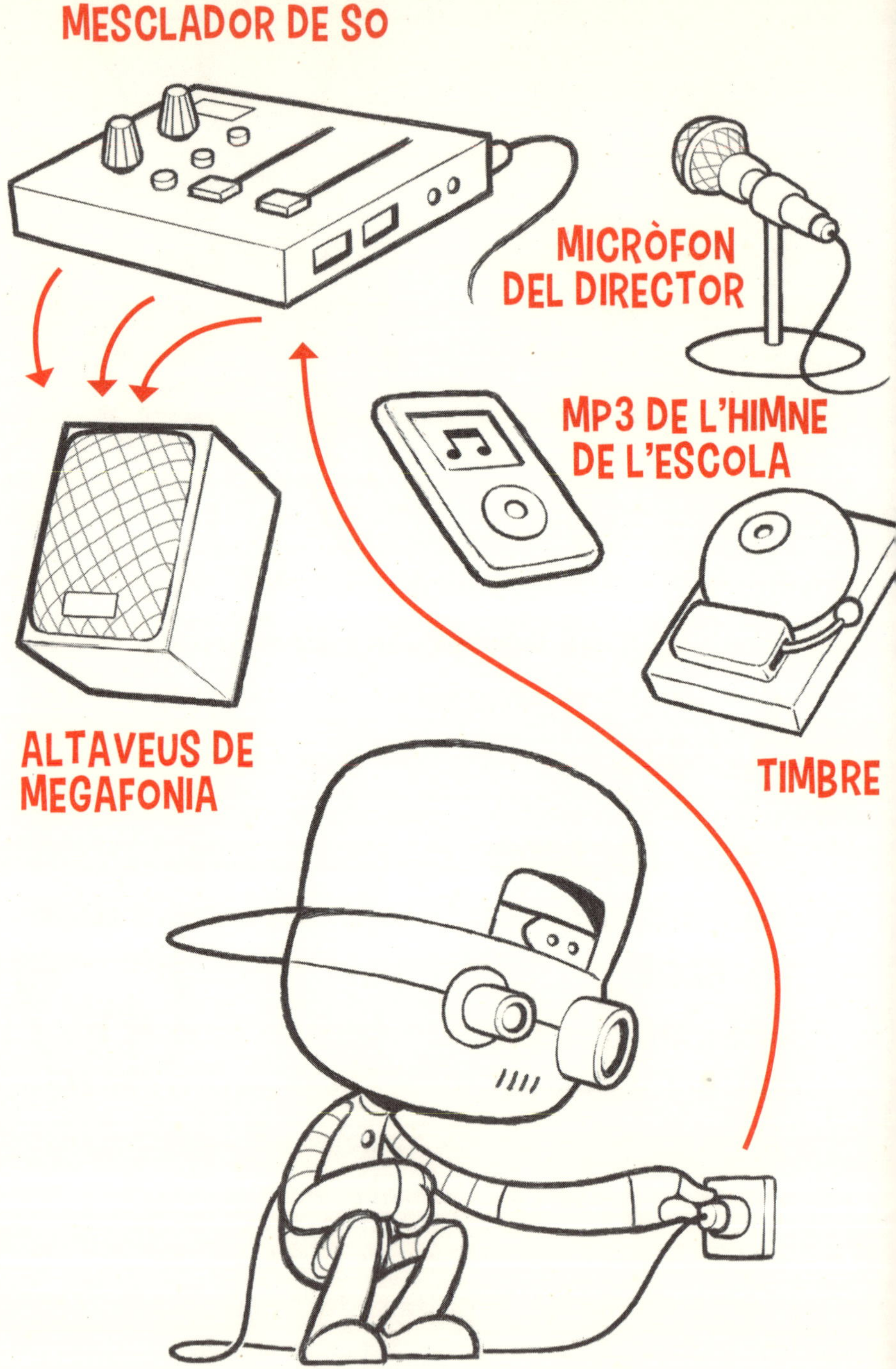
MESCLADOR DE SO
MICRÒFON DEL DIRECTOR
MP3 DE L'HIMNE DE L'ESCOLA
ALTAVEUS DE MEGAFONIA
TIMBRE

«Bon Dia Mundial dels Castigats! —La veu del C-RV3LL sona per totes les sales de l'escola. Els alumnes i professors miren estranyats els altaveus—. Avui celebrem **SANT CERAPI**, patró dels **MALS** estudiants. Per celebrar-ho, l'escola vol premiar tots els castigats habituals amb... dos iogurts de llimona.»

El director Cuchicuchi es frega les orelles al seu despatx. No està segur d'haver-ho sentit bé. Mentrestant, els alumnes es queden quiets.

El C-RV3LL mira l'Hugo. Ningú no es mou. El robot no s'explica **QUÈ HA POGUT FALLAR**.

—Iogurt **DE LLIMONA**? —li retreu l'Hugo—. Tothom **DETESTA** el iogurt de llimona!

—Que en sou de llepafils els humans —respon el robot. Es connecta de nou a la megafonia i millora l'oferta—. Perdoneu per l'error: els castigats rebreu tres iogurts **DE MADUIXA**!

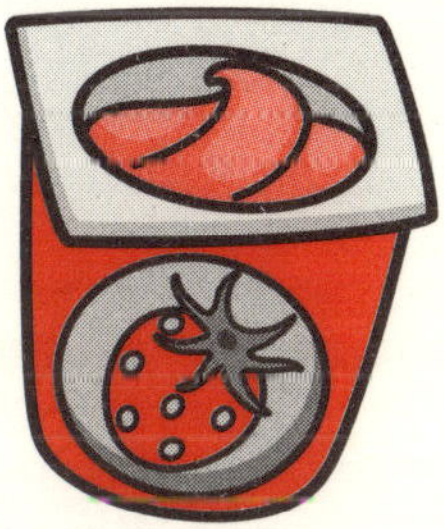

L'anunci fa efecte. De sobte, els castigats llancen les safates buides o s'aixequen de les cadires i **CORREN** a la nevera dels iogurts. Són com una estampida. Però una estampida dels alumnes més salvatges de l'escola. Els cuiners fan un crit d'alarma.

—**ALERTA**! —crida una cuinera. Prem el botó d'emergències—. Codi vermell: alumnes **DESENFRENATS**!

El menjador es converteix en un camp de batalla. Els iogurts volen pels aires. Els cuiners intenten lluitar per mantenir la caterva de castigats que reclamen el seu premi per Sant Cerapi. És la distracció **PERFECTA**.

L'Hugo aprofita la confusió per córrer fins a la safata de lasanya, que roba sense que el vegin. Ha d'esquivar tomàquets i llimones que volen pels aires.

Al Piccolini l'espera a la sortida, amb la boca feta aigua.

—Ara compleix la teva paraula i dona'ns la clau de la cuina —li diu l'Hugo.

El petit mafiós deixa anar una riallada. Posa les seves mans diminutes a la lasanya i comença a menjar.

—Ni ho somiïs, pringat.

PLOF!

L'Hugo no ha tingut temps ni d'enfadar-se. Perquè de sobte, el cap del **Piccolini** està enganxat a la paret. El C-RV3LL ha aparegut per darrere enfilat dalt d'un carret del menjador i li ha disparat amb una pistola de xiclets. Aquest cop el seu bonic cabell no se salvarà.

Li prenen la clau i van ràpid a la porta del darrere. Hi ha tant d'enrenou al menjador que ningú no s'adona de la presència del noi i del robot a la cuina. No triguen a trobar la batedora amb la peça GiratorTM a l'interior.

L'Hugo la desenrosca ràpidament. El C-RV3LL obre la carcassa i la canvia per l'anterior. Ja estan a punt per viatjar!

—Eh! Es pot saber **QUÈ** feu?

Maleït sigui, la cuinera els ha enxampat al darrer segon. Els apunta amb un pot de quètxup preparada per disparar.

—Fora d'aquí!

El raig de quètxup travessa l'aire. Però ni els toca. L'Hugo i el C-RV3LL han **DESAPAREGUT** enmig d'una esfera de llum groga ambre.

La cuinera no es creu el que acaba de veure. Ha de demanar vacances. O el trasllat a una escola millor.

32

La Gala sent el so de la trompeta a la finestra. Al Professor se li està acabant el temps. Fins i tot el guàrdia de la cel·la se n'ha anat a presenciar la seva mort a primera fila.

De sobte se sent un soroll **INFERNAL**; com si cent gats enfadats estiguessin esgarrapant una pissarra. La Gala s'ha de tapar les orelles.

Acte seguit, una esfera de llum llampegueja i la Gala també s'ha de tapar els ulls.

Quan torna a mirar, l'Hugo i el robot **SÓN ALLÀ.**

O seria més encertat dir l'Hugo i la meitat del C-RV3LL. El robot salta immediatament per connectar-se amb l'altra meitat.

—Per fi tornem a estar juntets, cul meu!

El C-RV3LL mou els malucs per celebrar-ho.

L'Hugo aixeca la mà per xocar els cinc amb la Gala.

Però la noia té **ALTRES** plans.

La Gala deixa anar un esbufec de desesperació.

—Per què heu trigat tant?

L'Hugo s'arma de valor per parlar-hi. Han passat moltes coses des de l'última vegada que van estar junts sense una espasa que els amenacés. És antipàtica amb ell, però és que la Gala ho és amb l'univers sencer.

—M'alegra veure't, Gala.

La noia està a punt de respondre alguna cosa amable, però s'ho repensa:

—Jo **NO**. A qui se li acut aparèixer dins d'una cel·la? M'havíeu de rescatar, no de tancar-vos amb mi!

L'Hugo i el C-RV3LL miren les reixes. És veritat. Han anat a parar dins.

—UPS.

—L'Ulisses està a punt de lluitar. L'hem de treure d'allà abans que el Pispa el converteixi en una broqueta moruna!

La Gala es plega de braços. El C-RV3LL es posa a buscar un giny amb què fondre els barrots.

L'Hugo resta en silenci.

Es queda mirant la paret de la cel·la, però no amb la seva expressió distreta habitual. El noi està acostumat a construir murs de blocs amb les peces de Lego, i aquest té una peculiaritat.

—Podem sortir **PER AQUÍ**.

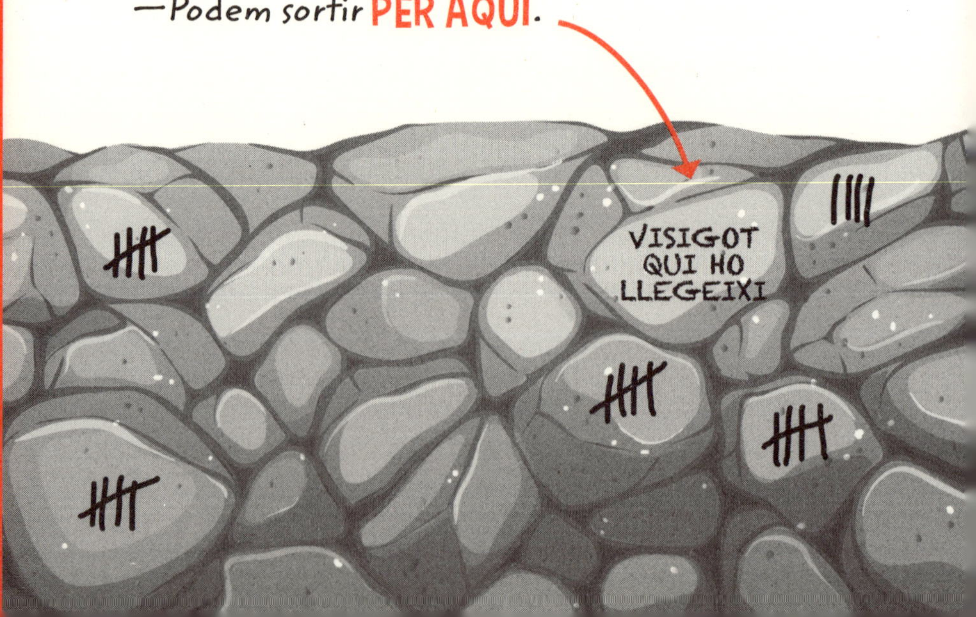

La Gala i el C-RV3LL no se'l prenen seriosament, però l'Hugo es planta davant del mur, empeny un maó que estava lleugerament enfonsat, i cau.

—Com ho sabies? —pregunta la Gala, impressionada.

—Són moltes hores construint blocs, i es veia d'una hora lluny que aquest no era d'aquí.

La Gala, l'Hugo i el C-RV3LL surten pel forat i apareixen a l'escala de la torre. Arriben a la planta baixa sense trobar-se cap guàrdia: tots són al torneig. La Gala i l'Hugo s'encaminen al pati, però el C-RV3LL es queda **ATURAT**.

I comença a emetre uns sons com si s'estigués reprogramant.

-PRIIIIIIIIIIIIIIIIIIP PIRRRRRRRR-RRRRRRRRRRRRRRP PRIIIIIIIIIIIIIIIP.

—Però **ARA** què passa? —pregunta l'Hugo, que comença a estar més que fart de l'edat mitjana. No ha pogut ni berenar.

—Au, feu les maletes que **ENS N'ANEM** —diu el robot.

És clar que salvar el Professor no està entre les prioritats del C-RV3LL. No poden culpar-lo. Bé, el que se'n diu bé, no és que s'hi hagi portat amb ell.

—Hem d'anar a buscar l'Ulisses

—Gala, no em cal actualització de sinceritat per dir-te que aquest paio no **EM CAU GENS BÉ. HA INTENTAT DESENDOLLAR-ME.**

És cert, però no poden tornar al present sense ell. Els adults sospitarien. La Gala s'esprem el cervell buscant una excusa per convèncer el robot que necessiten el

Professor. Però és que **NI ELLA MATEIXA** n'està convençuda.

L'Hugo se li avança i parla primer:

—Si tornem sense ell, serà el seu pare qui et desendollarà —apunta l'Hugo.

La Gala se'l mira sorpresa, tampoc no s'esperava aquest cop d'efecte per part del noi. S'ha de reconèixer que, per no saber-se-la gens, l'edat mitjana li prova.

—Està bé. Però si s'acosta a la meva presa de corrent, **EL FREGIRÉ**.

Podrien fugir, però el trio ha de salvar primer el Professor.

—I **COM** ho fem? —pregunta l'Hugo.

—Tinc una idea —diu la Gala—. Encarregueu-vos de retardar la justa. Només em calen quinze minuts. Arribaré a temps!

33

A fora, el públic crida excitat.

Just en aquell moment, el cavaller Pispa apareix al camp de joc muntat en el seu cavall. La seva armadura resplendeix sota el sol. Per la PURPURINA, és clar.

El joglar canta les lloances dels contrincants:

—A un cantó de la pista tenim el senyor Pispa el Blanc, cavaller de l'**Orde del Bon Furt** i TRES VEGADES guanyador de la **JUSTA CHAMPIONS LEAGUE**.

El públic aplaudeix el seu heroi. El Pispa està acostumat a aquesta mena de rebudes.

—A l'altra banda de la pista hi ha l'Ulisses Cuchicuchi, més conegut per ser un AUTÈNTIC DESCONEGUT. Mireu-vos-el bé ara perquè després del xoc no el reconeixereu.

El Professor s'enfila el cavall com pot. El ferrer l'ajuda a col·locar-se l'armadura.

—Deixeu de moure-us un segon —protesta el Nuño, que no aconsegueix acoblar les peces.

—No m'estic movent. És que no puc parar de tremolar. —L'Ulisses plora com una criatura.

Just en aquell moment, l'Hugo i el C-RV3LL arriben a la pista. Han de retardar la justa com sigui perquè la Gala tingui temps per al seu pla.

El públic ja és a punt. El joglar que retransmet l'esdeveniment no esperarà. Per això l'Hugo pren una mesura desesperada, corre fins a ell i li murmura alguna cosa a cau d'orella.

—De debò? Vaja —diu el joglar. L'Hugo assenteix amb cara de llàstima—. D'acord... Ara ho dic.

El joglar agafa l'altaveu i diu al públic:

—**ATENCIÓ**: s'ha perdut una nena anomenada Mira Elmeuanus. Repeteixo: **MIRA ELMEUANUS**.

El públic es mor de riure. El joglar no s'ha adonat del joc de paraules.

—Una nena perduda no és gens graciós:

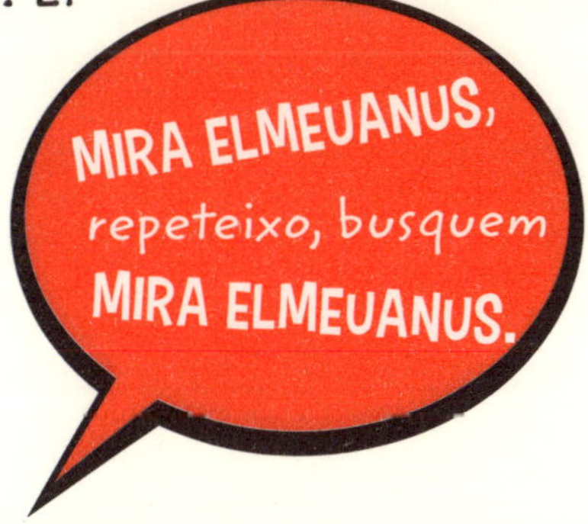

L'Hugo s'escapoleix abans que el joglar s'adoni de la mala passada. Mentrestant, la princesa Petronila el veu i li envia un petó a distància. L'Hugo es mor de vergonya.

La Gala apareix en un extrem de la pista carregada amb una armadura tunejada. No pot arribar fins al Professor sense que descobreixin que s'ha escapat de la presó, però té un munt d'aliats pel camí. Li clava un cop de colze al pagès que li va deixar les rodes.

—Fes que l'armadura arribi fins al **Bufó n.° 2** i digues-li que **ES DEIXI GUANYAR**.

El pagès li passa l'armadura a la cuinera que té al costat.

—Passa l'armadura cap al **Bufó n.° 2** i digues-li que... **HO FACI BÉ PER GUANYAR**.

L'armadura passa de mà en mà, de company a company, i arriba al Professor al mateix temps que l'Hugo i el C-RV3LL.

—Marxeu immediatament! —adverteix histèric—. Primer em mataran a mi i després us mataran a vosaltres.

—Així doncs, ara **T'IMPORTEM** —li retreu el C-RV3LL.

L'Hugo no està per fer de mitjancer. Entre ell i el Nuño li canvien l'armadura al Professor.

—És de part de la Gala —explica l'Hugo—. Ha dit que «de guanyar en sap».

Des de l'altra punta del pati, la Gala fa senyals perquè es deixi guanyar, però el Professor no ha captat el missatge.

No hi ha temps per a proves. Sonen les trompetes finals. Comença **LA JUSTA**.

Els dos rivals es col·loquen cara a cara, cadascun en un extrem de la pista.

—El compte enrere!

TRES, DOS, U... LLESTOS!

Un arquer dispara la fletxa per donar el senyal. De seguida el Pispa posa el cavall al galop, mentre el Professor encara no ha aconseguit redreçar-lo. S'hi ha assegut al revés.

L'Hugo, el C-RV3LL i la Gala contenen l'alè.

Quan falten pocs segons per al xoc, el Professor aconsegueix girar la muntura i situar-se de cara al seu rival. El Pispa s'acosta a tota velocitat, mentre que l'Ulisses encara no s'ha desplaçat **NI UN CENTÍMETRE**.

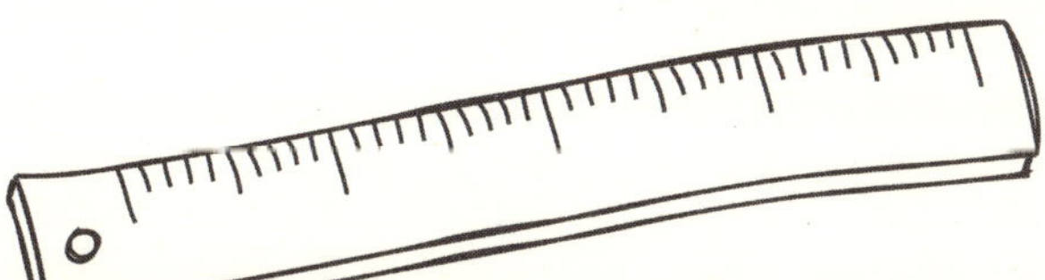

La llança del Pispa apunta al seu rival. El Professor vol saltar del cavall i fugir però pensa que la Gala ha construït una armadura-robot superpoderosa i que no pot fallar. S'arma de valor i apunta al Pispa amb la seva llança, no gaire segur de la seva victòria.

La Gala xiscla aterrida. El Professor no està preparat per guanyar.

Però passa **ALGUNA COSA**. Al darrer segon, el Professor cau del cavall i el Pispa l'impacta amb la llança. Però en lloc de travessar-lo, el contacte de la llança amb l'armadura del Professor provoca una descàrrega tan forta que el Pispa salta pels aires, com si l'hagués fulminat un llamp.

L'Ulisses continua clavat al seu lloc, **BEN VIU** i panteixant.

34

El públic del torneig no s'ho pot creure. El **Bufó n.° 2** ha vençut Pispa el Blanc en persona. I des del terra!

Encara no sap ben bé **COM** però el pla secret de la Gala ha funcionat a la perfecció: només li ha calgut un condensador, un transformador improvisat amb dos cables i l'última bateria que tenia a la motxilla. Els ha connectat a l'armadura tunejada, que al seu torn estava aïllada del Professor i del cavall, i ha programat l'ordre en un xip integrat.

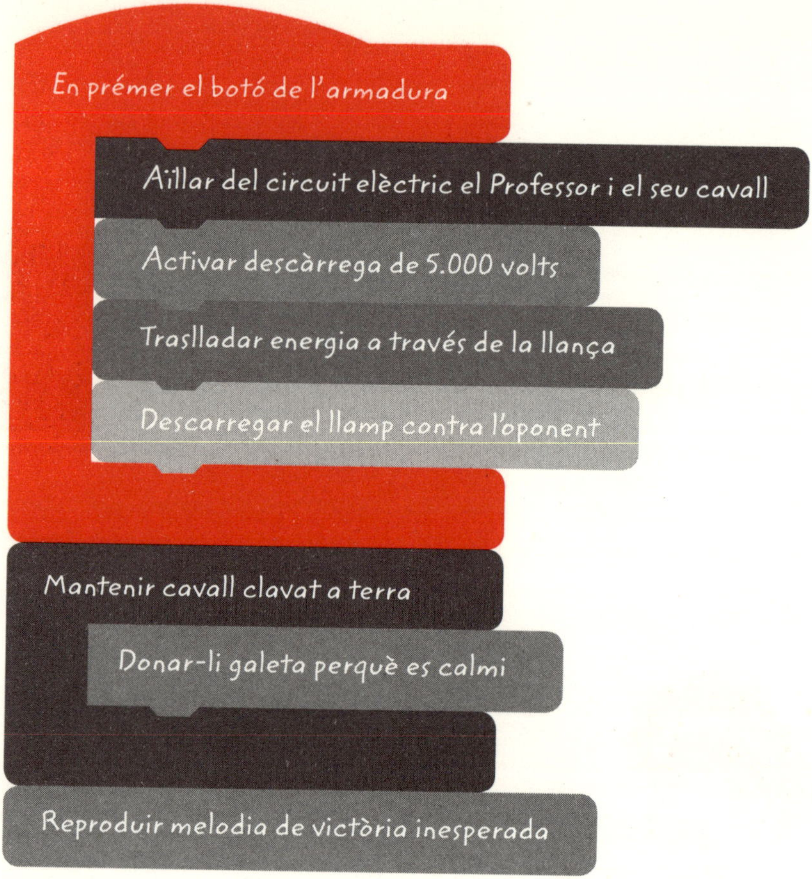

Quan la llança del Pispa toca l'armadura de l'Ulisses, s'activa un circuit electrocutador que desencadena un torrent explosiu. La llança del cavaller serveix de conductor de l'energia, que rebota en el Pispa i el llança pels aires.

En l'impacte cauen tots els objectes valuosos que ha pispat durant la visita al castell:

- divuit plats,
- dotze copes d'or,
- trenta forquilles,
- dotze ganivets,
- i un orinal (un no sap mai quan el pot necessitar).

—**TENIM GUANYADOR!** —vocifera el joglar per a les masses—. Donem l'enhorabona a l'Ulisses Cuchicuchi! I recordin que aquest esdeveniment està patrocinat per:

**PATÍBULS VICENT,
LA FORCA QUE ESCULL LA GENT.**

El públic es torna boig. La Gala aprofita la confusió per arribar fins als seus amics. Els quatre s'abracen emocionats.

—Gràcies per salvar-me la vida —diu l'Ulisses.

—Ets el meu vigilant de la Sala de Càstigs preferit —respon ella.

—Ens en podem anar **JA**? —pregunta Hugo.

Una veu aguda interromp l'emotiva escena. És la Petronila.

—Us n'aneu, fureta meva? —La princesa dona un cop d'ull a la Gala i torça el gest—. Podríeu demanar la meva mà i ser el meu príncep!

—No soc d'aquí —es disculpa l'Hugo—. Ets molt amable, però no ens podem casar.

La Petronila no entén res, de manera que la Gala es fica en la conversa.

—A veure, princeseta: a qui se li acut casar-se amb un perfecte desconegut? D'on jo vinc, les princeses no esperen que un home les rescati ni els cal un xicot per viure. **ESPAVILA!**

La filla del rei se'n va entre sanglots i retrets. Com el Professor ja sap, la Petronila s'acabaria casant als catorze anys amb un home que es passaria la meitat del temps a la taberna i li donaria cinc fills grollers. A l'edat mitjana, las coses no són fàcils ni per a les princeses.

Els quatre estan llestos per marxar però encara queda una tasca pendent.

El C-RV3LL no vol teletransportar el Professor al present de cap manera. Encara no li ha perdonat que li digués «ferralla» i molt menys que el partís per la meitat. **DUES VEGADES**.

—No penso endur-me l'Ulisses. Hauria d'estar a l'**EDAT DE PEDRA**!

—C-RV3LL, això ja ho hem parlat —l'interromp la Gala—. No el podem deixar aquí!

—Primer m'hauràs de formatar. Per sobre dels meus circuits!

L'Ulisses s'empassa l'orgull:

—Perdona, C-RV3LL. Ets el millor robot que conec.

—Què has dit? —El robot es fa el sord—. Si m'has d'insultar, espera que se m'acabin les piles.

—**HO SENTO!** —El Professor mai no ha demanat disculpes a una màquina de fer crispetes, però tampoc no havia estat abans a l'edat mitjana, i sempre hi ha una primera vegada.

—I què més?

—I no tornaré a partir-te en dos.

—I què més?

—I no tornaré a dir que els robots no tenen sentiments.

El C-RV3LL fa un escaneig facial per comprovar que no menteix. Aleshores es dona per satisfet.

—Això m'ha arribat als circuits interns.

—Ara som amiguets, visca! —exclama l'Ulisses i continua més fluixet—. Podem tornar a l'actualitat d'una vegada? Aquí no hi ha peces de recanvi.

—I tant —diuen tots tres a la vegada.

La Gala es concentra en el rellotge del C-RV3LL (l'Hugo ja ha perdut l'esperança de recuperar-lo. Espera que la seva àvia no es mosquegi) i en reconfigura els paràmetres.

—Hem d'assegurar-nos que tornem al moment exacte en què vam marxar, ni abans ni després.

—Al moment de l'examen? —pregunta l'Hugo, **ATERRIT**.

—Ara ja te'l saps —li diu el Professor

«Doncs és veritat», pensa l' Hugo. A veure si això de viatjar en el temps no estarà **TAN MALAMENT**.

—Sobretot, evita tornar abans —demana l'Hugo—. No voldria tornar a passar pels exàmens del trimestre anterior.

Mentre la noia comprova que els números són correctes, el rei, que està consolant la pobra Petronila, reacciona. **NO** pensa deixar-los escapar. Fa un senyal als soldats perquè actuïn.

—**DETENIU-LOS!**

35

Una dotzena de soldats, liderats pel rei es dirigeixen cap a ells amb les armes alçades.

—Cal programar el C-RV3LL a corre-cuita! —avisa el Professor.

Aixeca el C-RV3LL de terra i se'l carrega a l'esquena. La Gala ha de córrer darrere seu per configurar-lo.

—No corris tant, Ulisses!

—Això, no corris tant! —protesta el robot, que tem que la seva panxa de cables caigui a terra d'una ensopegada—. M'estan operant a xip obert!

LA PERSECUCIÓ ÉS D'ALLÒ MÉS INSÒLITA: els tres humans i el robot fugen dels soldats i tots corren fent cercles per la pista del torneig. El rei i la princesa ho segueixen tot dels del centre de l'arena, atònits.

—Falta gaire? —pregunta l'Hugo per tercera vegada. La Gala no encerta el codi exacte.

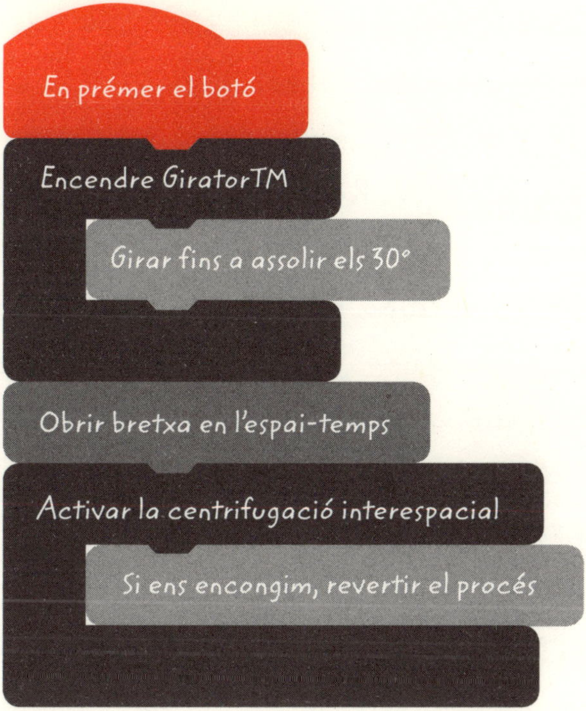

—Si creus que és tan fàcil arreglar un rellotge que viatja en el temps mentre fuges d'uns soldats, fes-ho tu, geni! —La noia li ofereix la tauleta.

L'Hugo no s'atreveix a insistir-hi més. No sigui cas que la cagui i apareguin a la Revolució Russa. Quin fred.

Per fi, la Gala es dona per satisfeta i tanca la tapa del robot.

Just quan acaba de fer-ho, el robot emet un xiulet que se sent als tres regnes veïns. Tothom es tapa les orelles.

Aleshores el C-RV3LL projecta una **INTENSA** esfera de llum groga ambre que cobreix el trio.

Estan preparats per viatjar. Els tres s'acomiaden en silenci de l'edat mitjana. No l'enyoraran **GENS NI MICA**.

Però quan estan a punt de desaparèixer, una mà s'aferra al turmell de l'Hugo. És el rei, que el mira amb els ulls injectats de sang.

—Ningú no li diu que no a la meva nena!

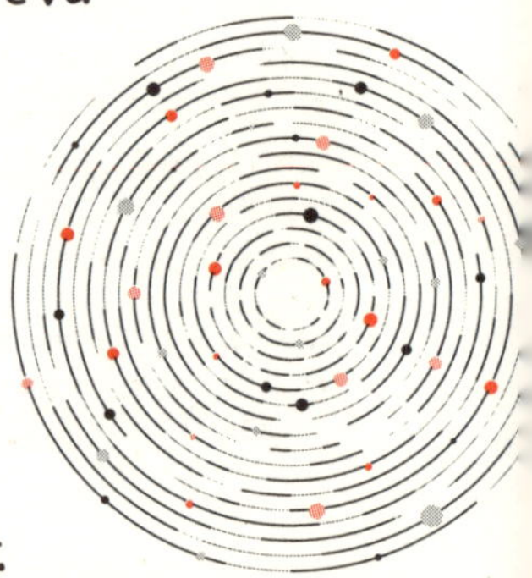

—Deixa'm anar! —protesta l'Hugo, que intenta desfer-se'n sense èxit. El rei el manté agafat amb força.

L'esfera de llum també l'ha cobert. Tot el que tenen al voltant (la pista del torneig, la fira i el castell) desapareix. Al seu lloc, apareixen i desapareixen paisatges a la velocitat de la llum. S'han de desfer del rei abans d'arribar al present. Què passarà si el porten de tornada a l'escola? Segur que s'aliaria amb l'**Al Piccolini** i **SEMBRARIEN EL TERROR**.

—Ni se t'acudeixi fer mal als meus alumnes! —El Professor s'encara amb el rei i l'intenta empènyer fora del cercle. Aquest es resisteix i de seguida es posen a forcejar en un duel amb gravetat zero, mentre el viatge espaitemporal els va sacsejant de dalt a baix.

El rei pega més fort, però el Professor és àgil i esquiva els seus cops. L'Hugo i la Gala segueixen la lluita arrapats al robot.

—Tu qui creus que guanyarà? —pregunta la Gala.

—El rei ha participat en més batalles. Però el Professor pot ser molt pesat.

L'Hugo l'ha anomenat «Professor» per primer cop, sense adonar-se'n.

Però l'Ulisses ho ha sentit, i l'orgull li dona la força suficient per donar un darrer cop de puny al monarca i expulsar-lo fora de l'esfera.

—M'ha dit Professor! Viscaaa!

El rei **DESAPAREIX** entre les imatges que pampalluguegen al voltant i es perd en algun racó de l'espai-temps. L'han vençut.

Uns segons després, el C-RV3LL sona igual que un microones quan se li acaba el temps.

HAN ARRIBAT AL DESTÍ.

36

La Gala, l'Hugo, el C-RV3LL i el Professor reapareixen al bell mig de la **SALA DE CÀSTIGS**. Ho han aconseguit.

La noia comprova l'hora al rellotge de paret: només han desaparegut un minut del temps real.

—**HEM TORNAT!** —La Gala agafa l'Hugo de les mans i comença a ballar—. I tot gràcies al meu robot màquina del temps, em faré famosa!

—Tècnicament, hem tornat del passat al qual vam viatjar per culpa teva! —li recorda el Professor. Però no està enfadat—: Ha estat l'experiència més increïble de la meva vida! Soc el primer Cuchicuchi que viatja en el temps! Quan li ho expliqui al meu pare...

Fins i tot el C-RV3LL fantasieja amb el seu futur.

—Penso agafar-me unes vacances en un resort

amb bons mecànics. Desconnectar la bateria, apagar les dades i **A GAUDIR**...

L'únic que no pensa en luxes ni reconeixements és l'Hugo. El noi té dubtes.

—**NO SÉ** si ho hem d'explicar. Gairebé ens maten diverses vegades i hem estat a punt de no tornar.

El C-RV3LL, el Professor i la Gala abaixen la mirada. S'han deixat portar per l'entusiasme sense pensar en les conseqüències.

—Què vols dir? —pregunta la noia, que cada vegada es pren més seriosament l'Hugo.

El seu company d'aventura arronsa les espatlles.

—Potser hauríem de guardar en secret el nostre viatge ... **PER ARA**.

—Ben pensat, **L'ENIGMA DEL REI EVAPORAT**... el vam provocar nosaltres. —A l'Ulisses Cuchicuchi se li escapa una riallada nerviosa—. El raig fulminant el va ocasionar el C-RV3LL i el rei va desaparèixer... després del meu cop de puny.

—Això confirmaria la teoria de la línia del temps fixa —diu de sobte el C-RV3LL, que estava revisant la seva memòria. Els tres humans se'l miren sense entendre res—. Què passa? És que no teniu Viquipèdia al disc dur?

—Som humans —li recorda la Gala.

—Ah, sí. Pobres... —el C-RV3LL se'ls mira amb llàstima—. Hi ha tres teories sobre l'espai-temps.

TEORIA DE LA LÍNIA DEL TEMPS DINÀMICA

ELS CANVIS EN EL PASSAT AFECTEN EL FUTUR. SI ALGÚ VIATJA AL 1889 PER EMPORTAR-SE HITLER QUAN ERA UN NADÓ I EDUCAR-LO EN UN TEMPLE BUDISTA, MAI NO ES CONVERTIRÀ EN UN TIRÀ.

TEORIA DEL MULTIVERS

ES POT MODIFICAR EL PASSAT, PERÒ ES CREEN REALITATS ALTERNATIVES. HI HA UNIVERSOS PARAL·LELS EN QUÈ HITLER ES FA BUDISTA, ES CONVERTEIX EN UN TIRÀ O SIMPLEMENT ÉS UNA ESTRELLA DE CABARET.

TEORIA DE LA LÍNIA DEL TEMPS FIXA

EL FUTUR NO ES POT CANVIAR. PER MOLT QUE ALGÚ INTENTÉS ACABAR AMB HITLER ABANS DEL SEU ASCENS AL PODER, SEMPRE FRACASSARIA EN INTENTAR-HO.

—El passat no es pot alterar —conclou l'explicació el C-RV3LL—. Sempre ha estat escrit que nosaltres quatre viatjaríem a l'edat mitjana. No podríem haver evitat el que vam fer, senzillament perquè ja ho havíem fet un mil·lenni abans de néixer.

—En el teu cas, un mil·lenni abans de programar-te —matisa la Gala—. Però l'Hugo té raó, encara que em foti admetre-ho. No podem compartir el nostre descobriment. Seria massa perillós.

El Professor comprèn que no pot presentar-se al **Congrés Mundial d'Historiadors** i explicar el que ha descobert. Li retirarien el carnet d'historiador.

Pel que fa a la Gala, als seus pares els disgustaria que viatgés a una època que no cobreix l'assegurança mèdica i li prohibirien tornar-ho a fer.

I l'Hugo... Bé, és que l'Hugo ja ho veia clar des del principi. El millor és **SEMPRE** guardar el secret. Aquests dos no deuen tenir una àvia batalladora com la seva.

De sobte, la sirena del final de les classes els retorna a la realitat de l'escola.

El Professor té una idea:

—Podria organitzar un taller extraescolar de robòtica com a tapadora perquè treballis en el robot. Un robot que ja és meravellós i encantador sense necessitat d'actualitzacions, per cert. —El Professor pica l'ullet al C-RV3LL—. Seríem els **Robotrònics**, viatgers en el temps!

—**Robotrònics**? —A la Gala se li escapa el riure—. Aquest nom és un viatge al passat... per vell. Millor «**Robòters**»! Té ganxo.

El Professor i el C-RV3LL assenteixen satisfets. L'Hugo ho fa un segon més tard, perquè s'ha distret amb la mateixa mosca del principi.

Els viatges en el temps li fan por, però n'ha après **MOLTÍSSIM** de l'edat mitjana per a l'examen. A més, és la primera vegada que forma part d'alguna cosa. **UNA COSA QUE MOLA MOLT.**

El rellotge de l'univers els té preparats un munt de sorpreses, aventures i misteris. Només els cal un taller de robòtica com a coartada per escapar-se sense despertar sospites.